see
Cuxhaven
Feldhausen
Fedder-
wardersiel
Burhave
Tossens
Seeverns
Butjadingen
Nordenham
Eckwarderhörne
Jadebusen
Bremerhaven
Brake
Weser
Bremen

Birgit Hedemann / Steffi Bieber-Geske

Abenteuer an der Nordseeküste

Lilly und Nikolas auf der Spur der Einbrecher

Illustrationen von Sabrina Pohle

Biber & Butzemann

Auf unserer Webseite www.biber-butzemann.de erfahrt ihr mehr über unvergessliche Familienferien, unseren Verlag und unsere Bücher. Abonniert gern unseren Newsletter über https://shop.biber-butzemann.de/newsletter.php und folgt uns auf www.facebook.com/biberundbutzemann,
Instagram: biberundbutzemann oder www.pinterest.de/biberundbutzemann

Hinweis: Ausstellungen in Museen wechseln und auch bei anderen Sehenswürdigkeiten gibt es regelmäßig Veränderungen, darum sind alle Angaben ohne Gewähr.

Für Martje für ihre tollen Ideen!

Birgit Hedemann

Geschwister-Scholl-Str. 7
15566 Schöneiche

1. Auflage, 2023

Bibliografische Information der Deutschen Bibliothek
Die Deutsche Bibliothek verzeichnet diese Publikation in der Deutschen Nationalbibliografie; detaillierte bibliografische Daten sind im Internet unter http://dnb.ddb.de abrufbar.

Text: Birgit Hedemann, Steffi Bieber-Geske
Illustrationen: Sabrina Pohle
Layout und Satz: Mike Hopf
Lektorat: Steffi Bieber-Geske, Britta Schmidt von Groeling
Lektoratsassistenz: Kati Bieber, Martina Bieber, Anna-Lena Dreßen, Nicole Kristensen
Korrektorat: Carola Jürchott
Druck- und Bindearbeiten: ScandinavianBook | DruckhausNord GmbH
ISBN: 978-3-95916-110-7

INHALT

Regen, Regen, nichts als Regen

„Oh, je“, seufzte Mama, als der Wetterbericht im Autoradio zu Ende war. Als sie früh am Morgen in Berlin losgefahren waren, hatte noch die Sonne geschienen. Kurz vor Magdeburg hatte es plötzlich begonnen zu regnen. Inzwischen kamen die Scheibenwischer kaum noch hinterher. Laut trommelte der Regen auf das Autodach. Der Heckscheibenwischer quietschte. Der Himmel war dunkelgrau. Laut Wetterbericht sollte das auch noch eine ganze Weile so bleiben.

„Wir machen bei Regen Urlaub an der Nordsee – eine tolle Idee!“, brummelte Nikolas. Seine Schwester Lilly neben ihm seufzte und blickte traurig aus dem Fenster, an dem das Wasser in kleinen Bächen hinabströmte.

„Das wird schon!“, sagte Papa gut gelaunt. „Ich habe jede Menge tolle Ideen, da werdet ihr das schlechte Wetter gar nicht bemerken.“

Neugierig rutschte Lilly auf der Sitzbank so weit nach vorn, wie der Sicherheitsgurt es zuließ. „Erzähl!“

Doch Papa tat wieder einmal geheimnisvoll und ließ sich nicht die kleinste Information entlocken. „Haben wir schon jemals einen langweiligen Urlaub erlebt?“, fragte er. Lilly, Nikolas und Mama schüttelten die Köpfe. „Na, seht ihr! Ihr könnt mir ruhig vertrauen. Auf jeden Fall werdet ihr den Abend unter Palmen verbringen“, behauptete er.

Die Geschwister sahen einander an und zuckten mit den Schultern. Mama lächelte still vor sich hin.

Eine Stunde später hatte Familie Sonnenschein ihr Ferienhaus in Tossens erreicht. Auf der Fahrt hatte Mama ihnen erklärt, dass Tossens auf der

Halbinsel Butjadingen liegt, die sich zwischen den Städten Wilhelmshaven und Bremerhaven entlang der Nordseeküste erstreckt.

Nachdem sie ihr Ferienquartier erkundet hatten, packten sie ihre Sachen aus. Die Geschwister teilten sich ein Zimmer. „Ob wir hier andere Kinder kennenlernen?“, überlegte Lilly. Sie stand am Fenster und blickte in den Garten.

Nikolas zuckte mit den Schultern. „Das hoffe ich doch. Das ist der Nachteil, wenn man ein ganzes Ferienhaus für sich hat.“ Er dachte an ihren letzten Urlaub auf der Insel Baltrum. In dem Haus, in dem sie dort gewohnt hatten, waren mehrere Ferienwohnungen, und der Vermieter wohnte ebenfalls dort. So hatten sie gleich am ersten Tag dessen Enkel kennengelernt und mit ihm zusammen drei Männer vor dem Ertrinken bewahrt.

Plötzlich stand Papa in der Zimmertür. Er hatte eine Zeitschrift zusammengerollt und hielt sie sich wie ein Megafon vor den Mund. „Achtung, Achtung! Letzter Aufruf zum Abflug nach Sansibar! Badesachen nicht vergessen!“

So schnell sie konnten, suchten die Geschwister ihre Sachen zusammen und stürzten zum Auto. „Schade, dass wir nicht wirklich in einem Flugzeug sitzen", sagte Lilly. „Ich würde zu gerne mal fliegen!"

Mama seufzte. „Ich würde jetzt auch gerne irgendwo hinfliegen, wo es warm ist, aber das muss man sich heutzutage schon gut überlegen. So ein Flug ist für unser Klima alles andere als gut!"

„Besonders extreme Kurzstrecken wie die vom Ferienhaus nach Sansibar", stimmte Papa ihr zu und fuhr schon auf einen Parkplatz.

Unter Mamas riesigem Regenschirm rannten sie auf ein großes Gebäude mit einer Glaskuppel zu. Als sie die Halle betraten, verschlug es ihnen die Sprache. Sie standen auf dem Marktplatz einer alten italienischen Stadt! Um sich herum erblickten sie alte Häuser mit schmiedeeisernen Balkonen, dazwischen standen Pflanzen, Korbstühle und dazu passende Tische und altmodische Laternen.

„Das hier ist der *Market Dome* vom *Center Park Nordseeküste*", erklärte Papa. „Hier gibt es ein Restaurant, einen Indoorspielplatz und eine Bowlingbahn.

Rechts neben uns befindet sich das *Aqua Mundo*, ein subtropisches Badeparadies. Dort herrscht das ganze Jahr über bestes Badewetter."

„Auf der Webseite stand, dass es dort jede Menge Palmen, Masken und Holzkunstwerke und Boote aus Sansibar gibt", fügte Mama hinzu.

„Wie wäre es also mit einem Abend unter Palmen?", fragte Papa.

Das ließen sich Lilly und Nikolas nicht zweimal sagen. Die Aqua Mundo-Spaßbäder hatten sie aus der Lüneburger Heide und aus dem Saarland in bester Erinnerung. Wenige Minuten später hatten sie sich umgezogen und betraten das Bad. Papa hatte nicht übertrieben. Es war wirklich so, als wären sie in die Tropen gebeamt worden.

In den nächsten Stunden tobten sie im Wellenbad, ließen sich auf Reifen durch einen Regenwald-Fluss treiben, sausten die Rutschen hinunter und schwammen im Außenbereich.

„Ist das toll hier!", sagte Nikolas zu seinen Eltern, die es sich auf Liegen bequem gemacht hatten.

„Man hat wirklich das Gefühl, im Paradies zu sein!", schwärmte Lilly. „Das Schwimmbad ist wie eine Insel mit ganz vielen Buchten geformt."

Mama lächelte. „An diesem Schwimmbad hättet ihr schon als Kleinkinder große Freude gehabt. Ihr habt es geliebt, euch zu verstecken."

Papa lachte auf. „Genau. Bei uns zu Hause im Schwimmbad habt ihr euch immer an derselben Stelle versteckt, hinter den Delfinen am Babyplanschbecken. Und ich musste dann immer so tun, als würde ich euch dort nicht sehen."

„Erst, wenn ich mit einem Eis gelockt habe, seid ihr lachend aus eurem Versteck gekommen", fügte Mama hinzu.

Lilly grinste Papa an. „Wetten, heute würdest du uns nicht mehr auf den ersten Blick entdecken?“

„Die Wette gilt!“ Papa hob die Hand und die Geschwister klatschten nacheinander ab. „Ich zähle bis fünfzig, in der Zeit müsst ihr euch verstecken. Zusammen an einer Stelle, versteht sich. Dann habe ich zehn Minuten Zeit, euch zu suchen.“

„Zehn Minuten sind viel zu lang!“, protestierte Lilly.

„Fünf Minuten!“, meinte Nikolas.

„Einigen wir uns auf sieben!“, sagte Papa. Lilly und Nikolas nickten.

„Und wenn du uns in der Zeit nicht findest, bekommen wir ein Eis“, forderte Nikolas.

„Umgekehrt gilt aber auch, dass ich ein Eis bekomme, wenn ich euch finde. Und zwar von eurem Taschengeld“, fügte Papa hinzu.

Lilly und Nikolas sahen einander kurz an und nickten dann.

„Und ich bin die Schiedsrichterin“, erklärte Mama. „Ich werde die große Uhr dort oben fest im Blick behalten. Seid ihr bereit?“

„Einen Moment noch!“ Nikolas zog seine Schwester ein kleines Stück beiseite. Er formte mit den Händen einen Trichter, sodass Papa seine Lippen nicht sehen konnte. Dann flüsterte er seiner Schwester ins Ohr: „Wir springen hier ins Wasser und schwimmen nach rechts, als wenn wir nach draußen schwimmen wollen. Sobald wir hinter der Biegung verschwunden sind, gehen wir auf Tauchgang und tauchen bis zur Bucht mit der kleinen Palme. Schaffst du das?“

Lilly zeigte den Daumen hoch. „Klar! Was denkst du denn!?“

Nikolas drehte sich zu den Eltern um. „Wir sind startklar!“

Papa drehte sich mit dem Rücken zu seinen Kindern und hielt sich demonstrativ mit den Händen die Augen zu. „Auf die Plätze, fertig, los!“, rief Mama und klatschte bei „los“ in die Hände.

Sofort sprangen Lilly und Nikolas ins Wasser. Papa fing an zu zählen. Wenig später tauchten die Kinder hinter der Palme in der kleinen Nische wieder

auf. Angestrengt blickten sie in die Richtung, aus der sie gekommen waren. Es dauerte eine ganze Weile, bis sie Papa entdeckten, der in ein paar Metern Entfernung an ihnen vorbeischwamm. Schnell hielten sich die Geschwister die Nasen zu und gingen wieder auf Tauchstation. Als Nikolas nicht länger die Luft anhalten konnte, tauchte er wieder auf. Auch Lilly hielt es nicht mehr länger aus. Hinter ihrem Rücken, auf der anderen Seite der Bucht, verborgen durch die Palme, bewegte sich etwas.
„Mist!", raunte Lilly ihrem Bruder zu, aber es war nicht Papa, sondern zwei andere Badegäste, wie sie sofort an den Stimmen erkannten.
„Du weißt, was du zu tun hast!", polterte die eine Stimme. „Ich brauche mindestens 50 Stück!"
Eine merkwürdig raue, tiefe Kinderstimme antwortete: „Aber wie sollen wir das machen?"
„Das ist euer Problem!", entgegnete die andere Stimme. „Hättet ihr mich nicht bei deinem Vater verpetzt, hätte ich weiter im Keller arbeiten können. Der Döskopp hat alles entsorgt, was ich schon zusammengesammelt hatte. In zehn Tagen soll die Lieferung kommen. Bis dahin machst ihr den Schaden gefälligst wieder gut! Hast du mich verstanden?"
„Aber, was du da machst, ist doch nicht erlaubt!" Die Kinderstimme zitterte.
„Das geht euch einen Scheißdreck an! Kein Wort zu niemandem, ist das klar?"
Lilly sah ihren Bruder mit großen Augen an. „Braucht da jemand unsere Hilfe?", raunte sie ihrem Bruder zu.
Doch ehe Nikolas antworten konnte, tauchte Papa vor ihnen auf. „Ha! Habe ich euch! Das Eis geht definitiv an mich!"
„Och, nö!", sagte Nikolas und spritzte Papa eine Fuhre Wasser ins Gesicht. „Aber wir sind natürlich gute Verlierer, nicht wahr, Lilly?"
Lilly nickte. Als sie sich auf den Weg zu Mama machten, drehte Lilly sich noch einmal um, doch der Platz auf der anderen Seite der Palme war leer.

LASST UNS AUSWANDERN!

Als Lilly und Nikolas am nächsten Morgen aus den Betten krochen, goss es immer noch wie aus Kübeln.

„Wie soll man da denn einen tollen Urlaub haben?“, schimpfte Nikolas und nahm am Frühstückstisch Platz.

„Warum haben wir eigentlich unsere Fahrräder mitgenommen? Ich glaube nicht, dass wir die in diesem Urlaub gebrauchen können“, fügte Lilly hinzu.

Mama ließ ihr Smartphone sinken. „Es kann ja nicht zwei Wochen nur regnen. Heute Abend soll tatsächlich die Sonne rauskommen, und für morgen sagen sie sogar richtiges Sommerwetter voraus.“ Sie seufzte. „Leider nur für morgen. Danach ist wieder Regen angesagt, wenn die Wetter-App recht hat.“

„Och, menno!“ Lilly angelte nach einem Brötchen. „Alle meine Klassenkameraden kommen braungebrannt aus dem Urlaub zurück, und ich habe wahrscheinlich Schwimmhäute an Händen und Füßen!“

„Genau!“, stimmte Nikolas ihr zu. „Falls wir braun werden sollten, dann ist das Rost.“

„Tja“, sagte Papa, „dafür hätte ich eine Lösung.“ Er nahm einen großen Schluck aus seinem Kaffeebecher und genoss es, dass ihn die restlichen Familienmitglieder gespannt ansahen. „Wir wandern aus!“

„Echt jetzt?“ Mit großen Augen sah Nikolas seinen Vater an. „Und wohin?“

„Nach Amerika natürlich“, antwortete Papa und grinste. „In das Land der unbegrenzten Möglichkeiten. Gleich nach dem Frühstück brechen wir auf!“

Eine Stunde später steuerte Papa einen Parkplatz in Bremerhaven an. „Zwischen 1830 und 1974 sind mehr als sieben Millionen Menschen von

Bremerhaven aus nach Amerika ausgewandert, aber auch nach Kanada, Brasilien, Argentinien oder Australien“, erklärte Mama.

„So viele? Warum eigentlich?“, wollte Lilly wissen.

„Meist, weil sie in Deutschland keine Arbeit fanden oder zu wenig Geld verdienten, um ihre Familie ernähren zu können. Es gab aber auch Menschen, die wegen ihres Glaubens verfolgt wurden oder vor Krieg geflohen sind“, zählte Papa auf.

„Ihre Reise begann genau hier“, fügte Mama hinzu. Inzwischen hatte die Familie das *Deutsche Auswandererhaus* erreicht, das aus einem Gebäude mit heller Holzfassade und einem zweiten Gebäudeteil mit weißen Platten bestand.

„Guckt mal!“, rief Lilly und wies auf die Platten. „Da erscheinen Gesichter!“

„Die Gesichter stammen von Einwanderern“, erklärte Mama, die sich schon schlaugemacht hatte. „Das Museum ist ein Migrationsmuseum, das die Themen Auswanderung und Einwanderung behandelt, denn über Bremerhaven sind auch ganz viele Menschen nach Deutschland gekommen.“

An der Kasse erhielt jedes Familienmitglied einen Boarding Pass, in dem ein kleines Blatt mit einem Namen, einer Jahreszahl und eine Plastikkarte steckten. „Das sind Ihre persönlichen Aus- und Einwanderer, die Sie heute auf Ihrem Weg in die neue Heimat begleiten werden", erklärte die Museumsmitarbeiterin. „An verschiedenen Stationen können Sie die Karte anlegen und sich Geschichten aus dem Leben dieser Menschen anhören."

„Ich bin sehr gespannt", sagte Papa. „Hier wurden die Kabinen von drei Schiffen nachgebaut: einem Segelschiff, einem Dampfschiff und einem Liner. Und die verschiedenen Klassen können wir uns auch ansehen."

Der Rundgang begann in einem Raum, der wie eine Wartehalle aus dem 19. Jahrhundert aussah. Er bestand aus unbequemen Holzbänken und einem Ofen. Eine Holztreppe führte hinauf in einen großen dunklen Raum. Lilly und Nikolas blieben überrascht stehen – sie standen an einem Hafen, direkt am Kai, oder an der Kaje, wie man in Bremerhaven sagte. Das Meer klatschte an die Hafenmauer, Rufe von Hafenmitarbeitern ertönten.

Menschen in altmodischer Kleidung, darunter auch Kinder, warteten darauf, an Bord eines riesigen Schiffes zu gehen. Überall standen kleine und große Koffer, Holzkisten und Eichenfässer. Dazwischen turnte eine Ratte.

„Puh! Das sind ja nur Puppen!", stellte Lilly erleichtert fest.

Nikolas nickte. „Auf den ersten Blick hab ich auch gedacht, dass hier echte Menschen warten."

Lilly blickte in die beiden Koffer, die geöffnet waren. „Da ist ja kaum was drin. Nur eine Hose, ein Pullover, Socken, ein Stück Seife, eine Zahnbürste und ein Taschenmesser. Wenn ich auswandern würde, dann wäre mein Rollkoffer zum Platzen gefüllt!"

Papa lachte. „Das kann ich mir nur zu gut vorstellen! Früher hatten die Menschen aber gar nicht so viele Sachen. Vielleicht eine Garnitur zum Wechseln. Und die Auswanderer haben auch ihr ganzes Hab und Gut verkauft, um Geld für die Fahrkarte zu haben. So eine Überfahrt kostete mehr, als die meisten Menschen damals in einem Jahr verdient haben."

Mama, die sich inzwischen an der Hörstation informiert hatte, erzählte: „Es ist ein früher Novembermorgen im Jahr 1888. Gleich wird der Schnelldampfer ‚Lahn' ablegen, der die Auswanderer in acht Tagen nach New York bringt. All diese Menschen müssen Abschied von der Heimat und ihren Familien nehmen, um in Amerika ein neues Leben zu beginnen. Die meisten von ihnen sind arme Handwerker, Arbeiter, Bauern, Knechte oder Dienstmädchen. Sie hoffen auf ein besseres Leben und wissen nicht, was sie erwartet und ob sie ihre Familien und ihre Heimat jemals wiedersehen. Das ist bestimmt kein schönes Gefühl."

Über die Gangway gingen Lilly, Nikolas und ihre Eltern an Bord des Auswandererschiffes. Der Boden unter ihnen schien zu schwanken. Die erste Kabine wurde notdürftig von kleinen Laternen erhellt, die von der Decke baumelten. Auf zwei Etagen, die aussahen wie ein riesiges Stockbett, lagen die Menschen dicht an dicht auf Strohsäcken. Ein Junge träumte vor sich hin, zwei Frauen unterhielten sich. An der niedrigen Decke hingen Leinen, von denen Wäsche baumelte, an der Wand hingen Tassen und Teller aus Blech.

Im Fußboden befand sich ein Loch, in das man durch ein Gitter in das Innere blicken konnte. Dort saß ein Huhn. Einige der Auswanderer husteten, das Gebälk des Schiffes ächzte, und der Wind pfiff.

„So hat es auf den Segelschiffen ausgesehen, auf denen die ersten Auswanderer 1854 nach Amerika aufbrachen“, erklärte Papa und zeigte auf eine andere Szenerie. „Eigentlich brachten die Schiffe Baumwolle, Tabak und Tee von Amerika nach Deutschland. Damit sie nicht leer zurückfahren mussten, hat man die Zwischendecks zu solchen Kabinen umgebaut.“
„Könnt ihr euch vorstellen, sechs bis acht Wochen mit all diesen Menschen und einem Huhn hier drinnen eingesperrt zu sein?“, fragte Mama.
Lilly schluckte. „Ich würde es hier drin keine sechs Stunden aushalten! Man kann sich ja überhaupt nicht bewegen! Hier konnten die Kinder ja nicht einmal spielen!“
„Und lesen kann man auch nicht“, fügte Nikolas hinzu. „Dazu ist es viel zu dunkel.“
„Ich möchte gar nicht wissen, wie warm und stickig das hier war“, sagte Papa. „Und wenn dann noch jemand seekrank wurde ...“
In den nächsten Stunden erkundete die Familie mehrere Schiffsräume. So nahmen sie im Speisesaal der dritten Klasse der „Columbus“ von 1923 Platz, erreichten endlich New York und passierten die Einwanderungsbehörde auf Ellis Island. Immer wieder legten sie ihre Plastikkarten an den vorgesehenen Halterungen an und erfuhren etwas über die Geschichte ihrer Auswanderer. Im „Salon der Biographien“ fanden sie schließlich heraus, was aus ihnen und ihren Kindern geworden war.
„Meine Martha hat in New York eine Arbeit als Kindermädchen gefunden und später mit ihrem Mann eine Bäckerei eröffnet!“, rief Lilly freudig.
„Und stellt euch vor“, sagte Papa, „mein Auswanderer, der Schneider Paul Lemcke aus Brandenburg, wurde 1881 vom König von Hawaii zum Hofschneider ernannt.“
„Dann ist ja an dem Spruch, dass in Amerika jeder vom Tellerwäscher zum Millionär werden kann, wirklich etwas dran“, erwiderte Mama.
Als sie das Grand Central Terminal verlassen hatten, liefen sie über eine Brücke zum zweiten Teil des Museums. Dort ging es um die Geschichten der

Menschen, die in den vergangenen 300 Jahren aus anderen Ländern nach Deutschland gekommen waren, um hier ihr Glück zu finden. Ihre Gründe waren ähnliche wie die der Deutschen, die ausgewandert waren.

Zum Abschluss kehrte Familie Sonnenschein im Speisesaal, dem Restaurant des *Auswandererhauses*, ein. „Zum Glück geht hier die Speisekarte mit der Zeit“, meinte Nikolas und schob sich ein dickes Pommes-Stäbchen in den Mund.

„Das mit dem Auswandern hatte ich mir ganz anders vorgestellt“, stellte Lilly fest.

„Wie denn?“, wollte Papa wissen.

Lilly legte ihren Kopf schief und dachte kurz nach. „Irgendwie so ein bisschen, als wenn wir in den Urlaub fahren. Dass man sich total freut, etwas Neues zu entdecken. Dass die Auswanderer sich damals für immer von ihrer Familie in der Heimat verabschieden mussten, wusste ich nicht. Das muss total traurig gewesen sein.“

Nikolas nickte. „Und wie schrecklich die Überfahrt gewesen sein muss mit so vielen Fremden in einer Koje. Und dann konnten sie die ganze Zeit nichts machen. Mir reicht es schon, wenn ich einen Tag im Auto sitzen muss.“

EIN NEUER FREUND UND PIRATEN IN WILHELMSHAVEN

Als sie wieder in Tossens waren, hatte es tatsächlich aufgehört zu regnen, und die Sonne kam durch. Papa hatte ein Wikingerschachspiel im Gartenschuppen des Ferienhauses gefunden und wollte gern eine Runde spielen. Lilly und Nikolas waren sofort Feuer und Flamme und bauten das Spiel auf dem Rasen hinter dem Haus auf, während Papa und Mama von drinnen etwas zu trinken holten.

„Männer gegen Frauen?", schlug Nikolas vor.

Ehe Lilly ihm antworten konnte, kam in hohem Bogen ein Fußball über die Buchenhecke geflogen, die das Grundstück säumte. Der Ball hüpfte über den Rasen und warf dabei zwei Holzklötze auf der Seite von Nikolas um.

„Yeah!", rief Lilly und streckte beide Arme in die Luft.

„Ey! Das gilt aber nicht!", entgegnete ihr Bruder.

„Hab ich schon gewonnen?", tönte es aus der hinteren Gartenecke. Ein rotblonder Lockenkopf schob sich über ein grünes Gartentor, das in den Garten des Nachbargrundstückes führte.

Nikolas kickte den Fußball gekonnt zu dem Jungen. „Nee, ein paar Klötze sind stehengeblieben."

„Aber du kannst gerne mitspielen", fügte Lilly hinzu, die ihrem Bruder gefolgt war.

„Ich bin Jesco", stellte sich der Junge vor.

„Ich heiße Nikolas, und das ist meine Schwester Lilly", antwortete Nikolas.

Lilly linste in den Nachbargarten. „Cool! Ein Riesentrampolin!"

„Ihr könnt gerne in den nächsten Tagen mal zum Springen kommen. Jetzt ist es noch nass vom vielen Regen."

„Machst du hier auch Urlaub?", wollte Nikolas wissen.

„Jesco!", rief eine Männerstimme. „Du musst noch deine Hausaufgaben machen!"

Jesco verdrehte seine Augen und rümpfte seine Nase, wobei seine zahlreichen Sommersprossen im Gesicht tanzten.

„Okay", sagte Nikolas, „wohl eher nicht."

Jesco seufzte. „Ihr habt es gut. Wir haben noch eineinhalb Wochen Schule. Jetzt muss ich leider rein. Wir sehen uns morgen!"

„Jesco scheint nett zu sein", meinte Nikolas, als sie zum Schachspiel zurückschlenderten.

„Juhu! Endlich scheint die Sonne!", brüllte Lilly, als sie am nächsten Morgen ins Wohnzimmer gestürzt kam.

„Fahren wir gleich an den Strand?" Erwartungsvoll blickte Nikolas seine Eltern an.

Mama schüttelte den Kopf. „Richtig warm wird es erst heute Nachmittag, und außerdem ist im Moment auch Ebbe."

„Menno!", maulte Lilly. „Immer ist das Wasser weg, wenn wir kommen!"

„Wir fahren später an den Strand. Versprochen!", erwiderte Papa. „Für heute Morgen haben wir einen anderen Ausflug geplant. Es geht nach Wilhelmshaven."

Nikolas spitzte die Lippen und überlegte kurz. „Waren wir da nicht schon einmal?"

„Ja, als wir Urlaub in Ostfriesland gemacht haben", antwortete Mama. „Damals haben wir ein, zwei Tagesausflüge nach Wilhelmshaven gemacht."

„Oh, das war der Urlaub, in dem wir Störtebeker gerettet haben!" Lillys Augen glänzten. Sehnsüchtig dachte sie an den kleinen Seehund zurück.

„Damals waren wir beim *JadeWeserPort*", fügte Papa hinzu.

„Jetzt fällt es mir wieder ein", sagte Nikolas. „Das war der riesige Container. Die Ausstellung war toll. Da konnten wir so viel ausprobieren." Dann wandte er sich an seine Schwester. „Erinnerst du dich an diesen großen Scanner, mit dem man Schmuggelware in einem Container suchen konnte?"

„Richtig!", antwortete Lilly. „Und an den Weg von dem grünen Pulli!"

„Grüner Pulli?", fragte Nikolas verständnislos.

„Na, Christoph von der ‚Sendung mit der Maus' hatte sich doch einen neuen Pullover bestellt, und wir konnten verfolgen, welchen Weg er von der Fabrik bis zu Christoph nach Hause nimmt."

„Das *Küstenmuseum* haben wir auch besucht", sagte Mama. „Da seid ihr auf den Spuren der Piraten unterwegs gewesen."

„Stimmt", erwiderte Lilly. „Und gab es in Wilhelmshaven nicht auch so ein tolles Aquarium? Da würde ich gerne nochmal hin."

„Ich weiß nicht", antwortete Papa gedehnt. „Einmal reicht. In Wilhelmshaven gibt es noch viele andere tolle Sachen zu entdecken."

„Was denn?" Neugierig blickte Nikolas von einem Elternteil zum anderen.

„Wir wollen uns noch einmal den *JadeWeserPort* ansehen", sagte Papa. „Dieses Mal aber von einer anderen Perspektive. Wir machen eine Hafenrundfahrt mit der ‚MS Harle Kurier' und kommen dabei auch an dem Tiefwasserhafen vorbei."

„Und ich möchte vorher in den *Störtebeker Park*", warf Mama ein. „Das ist ein Freizeitpark für alle Sinne, in dem man spielerisch ganz viel lernen kann."

„Klingt super", sagte Lilly, die sich noch gut an den Störtebeker-Schädel im *Museum für Hamburgische Geschichte* in Hamburg und an ihre Abenteuer auf den Spuren des Piraten auf Rügen und in Ostfriesland erinnerte.

Papa runzelte nachdenklich die Stirn. „Sind unsere Kinder nicht langsam zu groß für einen Spielplatz?"
Mama lachte. „Da wirst selbst du dich amüsieren!"

Mama sollte recht behalten. Eine Stunde später stand Familie Sonnenschein vor dem Eingang des Parks. Die Kinder flitzten sofort los. Zuerst eroberten sie ein Modell der Siebetsburg und auch der rot-weiß gestreifte, eckige Leuchtturm mit Rutsche wurde gleich mehrmals ausprobiert.
Am Feuchtbiotop beobachteten sie eine Libelle und auf der Schafswiese deren wollige Bewohner. Am Wasserberg kurbelten sie mit einer Spirale Wasser hinauf, und an der Seilbahn wechselten sich die Geschwister ab. Leider war Papa für die Bahn zu groß.

Als die Kinder und Papa dann den See mit dem Floß entdeckten, konnte Mama sich entspannt mit ihrem Krimi auf einer Parkbank niederlassen.
Erst als der Hunger zu groß wurde, legte das Floß wieder an, und sie gingen in das Kuchenhaus. „Und? Hatte ich recht?", fragte Mama und steckte sich ein großes Stück Torte in den Mund.
Lilly nickte. „Das ist echt klasse hier!"
Nikolas grübelte. „Aber warum hat dieser Spielplatz Öffnungszeiten und noch dazu so kurze?"
„Das ist hier kein normaler Kinderspielplatz", erläuterte Mama. „Das ist ein soziales Projekt für junge Menschen, die Unterstützung brauchen, um einen Ausbildungsplatz zu finden. Hier können sie sich in verschiedenen Arbeitsbereichen ausprobieren. Und der Park hat nur zu ihren Arbeitszeiten geöffnet. Aber warum er nach Störtebeker benannt wurde, weiß ich leider nicht."
„Ich bin jedenfalls gerne bereit, das Projekt mit noch mehr Kuchen zu unterstützen", sagte Papa und bestellte eine zweite Runde für alle.
Als der Hunger gestillt war, ging es weiter mit dem Auto zum Innenhafen von Wilhelmshaven. Hier wartete am Helgolandkai bereits ihr Schiff, ein kleines, weißes Passagierschiff mit Plätzen auf dem Ober- und Unterdeck. „Wenn schon mal die Sonne scheint, muss ich jeden Strahl einfangen", sagte Papa, und lotste seine Familie auf das Oberdeck.
Hier suchten sie sich ein Plätzchen und beobachteten das Treiben an der Mole. Die Sonne glitzerte in den kleinen Wellen, die an den Rumpf des Schiffes schwappten. Möwen kreischten am Himmel, und die Deutschlandflagge der „Harle Kurier" flatterte im Wind.
Nachdem das Boot abgelegt hatte, fuhren sie an der Nordmole vorbei in den Marinehafen, den größten Marinestützpunkt Deutschlands. Hier bestaunten Lilly und Nikolas die beeindruckenden Schiffe.
„Neben so einem grauen Riesen fühle ich mich wie eine winzige Ameise", stellte Lilly fest.

„Das Grau ist fast derselbe Farbton wie das Wasser der Nordsee", meinte Nikolas. „Und siehst du das Radargerät? Man erkennt auf den ersten Blick, dass das kein Kreuzfahrtschiff ist."

Weiter ging es zu den Tankerlöschbrücken. Sie erfuhren, dass hier das Mineralöl von den Tankern gelöscht wurde, um es anschließend in die Fernleitungen bis nach Hamburg und Köln zu pumpen. „Das Wort ‚löschen' kommt übrigens aus dem Niederländischen oder Niederdeutschen", erklärte Papa. „Es bedeutet, die Schiffe werden von ihrer Ladung befreit."

Schließlich erreichten sie den *JadeWeserPort*. Hier lag ein riesiges, pinkes Schiff, dessen Ladung gerade mit gigantischen rot-blauen Kränen gelöscht wurde. Familie Sonnenschein erfuhr, dass auf diesem Schiff 14.052 Container Platz finden. „Die Container sehen von hier aus wie Legosteine", stellte Nikolas fest.

Den Rest des Nachmittags verbrachte die Familie am *Friesenstrand* in Tossens. Auf dem Deich grasten gemütlich die Schafe, und in den Strandkörben dösten die Urlauber. Am Horizont sahen sie die riesigen Kräne und Schornsteine von Wilhelmshaven, wo sie den Vormittag verbracht hatten.

Einen Sandstrand suchte man hier vergebens. Das Ufer war mit Steinplatten und mit Gras befestigt. Aber dafür gab es einen großen Spielplatz mit jeder Menge feinem weißen Sand.

Während die Eltern es sich in einem Strandkorb gemütlich machten, kletterten Lilly und Nikolas auf dem riesigen Kletternetz herum, schaukelten auf der Reifen-Schaukel und hatten auch hier ihren Spaß mit der Seilbahn. Auch die hölzernen Schiffswracks mussten erobert werden. Offenbar waren die beiden doch noch nicht zu groß für Spielplätze.

„Schade, dass es hier kein echtes Wrack gibt", sagte Nikolas zu den Eltern, als er und Lilly eine kurze Pause bei ihnen im Strandkorb einlegten.

„Dafür ist hier sonst einiges los", sagte Papa und ließ sein Smartphone sinken.

„Wie meinst du das?" Nikolas sah seinen Vater fragend an.

„In Wilhelmshaven sah es doch heute Morgen so idyllisch aus, aber der Schein trügt." Papa wedelte mit seinem Handy in der Luft. „In den letzten Tagen wurden dort Autos kontrolliert. In einem Wagen hat der Zoll 100 Kilogramm Badesalz gefunden."

Lilly runzelte die Stirn. „Was ist denn an Badesalz so schlimm?"

„Und wer braucht 100 Kilogramm von dem Zeug?", fügte Nikolas hinzu.

„Das mit dem Badesalz darf man nicht wörtlich nehmen", antwortete Papa. „Es war zwar ein braunes oder weißes kristallartiges Pulver, ist aber nicht zum Baden gedacht. In Wirklichkeit handelt es sich um synthetische Drogen."

„Mittlerweile sind diese synthetischen Drogen auf dem Vormarsch. Die lassen sich leicht herstellen und sind leider sehr gefährlich", steuerte Mama bei, die erst vor wenigen Tagen eine Reportage darüber gelesen hatte.

„Was kann denn passieren, wenn man sie nimmt?", wollte Lilly wissen.

„Einige Konsumenten werden sehr aggressiv, andere haben Wahnvorstellungen oder verletzten sich sogar selbst", erklärte Mama. „Und der Schmuggel von Chemikalien boomt. Daraus werden dann Drogen hergestellt. Das ist sehr viel billiger, als wenn die Drogen selbst geschmuggelt werden."

„Krass!", sagte Nikolas.

Papa rieb sich die Hände und grinste. „Bevor wir jetzt zurück zum Ferienhaus fahren, will ich aber noch mein Sieger-Eis vom Versteckspiel im *Aqua Mundo*." Er bugsierte seine Kinder zum Kiosk und studierte den Aufsteller mit den Eissorten.

„Ich hatte ja gehofft, dass er es vergessen hat", raunte Nikolas seiner Schwester zu.

„Spielschulden sind Ehrenschulden", sagte Papa, dem das Getuschel nicht entgangen war. „Aber weil ich so ein gütiger und überaus netter Gewinner bin, spendiere ich euch natürlich auch ein Eis! Und Mama natürlich auch."

Die Geschwister jubelten, und wenig später saßen alle Familienmitglieder auf einer Bank und genossen ihr Eis.

DER NISTKASTEN, DER KEINER WAR

Wieder beim Ferienhaus angekommen, liefen Lilly und Nikolas sofort in den Garten. „Lass uns gucken, ob wir Jesco irgendwo entdecken können", forderte Nikolas seine Schwester auf.

Als hätte Jesco es gehört, stand er schon am Gartentor. „Wollt ihr rüberkommen zum Trampolinspringen?"

„Das könnt ihr vergessen!" Ein Mädchen, bestimmt vier Jahre älter als Nikolas, stand plötzlich neben Jesco. „Du kümmerst dich erst einmal um Minka!"

Jesco seufzte. „Darf ich bekannt machen? Meine Schwester Janna."

„Lass dieses förmliche Gequatsche, und mach dich gefälligst auf den Weg!" Janna drehte sich um und stapfte in Richtung Wohnhaus.

„Wie immer nett und freundlich!", murmelte Jesco.

‚Okay, Jesco hatte zwar eine Schwester, aber mit der werde ich mich wohl nicht anfreunden', dachte Lilly. Laut fragte sie: „Wer ist denn diese Minka, um die du dich kümmern sollst?"

„Das ist die Katze von Frau Öltjen, einer ehemaligen Lehrerin von mir. Sie macht gerade eine Reise nach Neuseeland, wo sie ihren Sohn besucht. So lange füttern Janna und ich ihre Katze."

„Und heute bist du dran", schlussfolgerte Nikolas.

Jesco nickte. „Ihr habt nicht zufällig Fahrräder dabei und Lust, mich zu begleiten?"

„Klar doch!" Lilly strahlte über das ganze Gesicht. „Du doch auch, oder?" Sie buffte ihren Bruder leicht in die Seite.

Nikolas nickte grinsend. „Du musst wissen, dass Lilly alles abgöttisch liebt, was vier Beine hat!"

„Ey!“ Wieder knuffte Lilly ihren Bruder freundschaftlich.
„Wir sagen nur eben unseren Eltern Bescheid, dann treffen wir uns an der Straße“, bestimmte Nikolas.

Wenige Minuten später radelten die Kinder am Deich entlang. Bis zum Haus von Frau Öltjen war es nur ein Katzensprung. Das Ziegelsteinhaus mit rotem Dach stand direkt am Deich. Das Grundstück war von einem verwitterten Holzzaun umgeben. Im Vorgarten blühten weiße Margeriten mit gelben und orangenen Ringelblumen um die Wette. Links vom Haus stand ein kleiner krummer Apfelbaum.
Die Kinder stellten ihre Fahrräder außen am Zaun ab. Jesco öffnete das Gartentor und ging zielstrebig auf den Apfelbaum zu, an dessen Stamm ein Nistkasten hing, und Jesco machte sich gleich daran zu schaffen.
„Ich glaube, das ist keine gute Idee!“ Lilly versuchte, ihn aufzuhalten. „Wenn da Jungvögel drin sind, werden sie von ihren Eltern verstoßen.“

„Da sind garantiert keine Vögel drin." Jesco grinste über das ganze Gesicht und öffnete den Kasten. Darin hing an einem großen Nagel ein Schlüssel.
Nun musste auch Lilly lachen. „Das Flugloch ist ja nur aufgemalt!"
Jesco schloss die dunkelblaue Haustür mit einem Bullauge als Fenster auf. Mit einem lauten Miauen kam eine schwarze Katze mit vier weißen Pfoten und einer weißen Schwanzspitze angesprungen. Sie strich Jesco um die Beine und hörte mit dem Maunzen gar nicht mehr auf. Lilly hatte sich hingekniet und versuchte, die Katze zu locken.
„Keine Chance", meinte Jesco. „Minka ist ein Vielfraß. Bevor die nichts zu fressen bekommt, ist sie zu nichts zu gebrauchen." Er ging in die Küche und holte eine Dose Katzenfutter aus dem Schrank. Dann füllte er den Inhalt in einen Fressnapf. Fast wäre er über Minka gestolpert, als er den Napf auf den Boden stellte. Sofort stürzte sich die Katze auf ihr Futter. Die Kinder schauten ihr beim Fressen zu.
Als Minka endlich satt war, spielten die Kinder ein wenig mit ihr. Jesco hatte einen Flummi dabei, den die Katze wie eine Maus jagte.
„Wenn ihr Lust habt, könnt ihr mich in den nächsten Tagen gerne noch einmal begleiten", sagte Jesco und hängte den Schlüssel zurück in den Nistkasten.
„Ich immer!", antwortete Lilly und kraulte die Katze zum Abschied zwischen den Ohren.

AFFEN, SCHMETTERLINGE UND STADTMUSIKANTEN

„Och nö, nicht schon wieder!“, murmelte Nikolas, als er am nächsten Morgen die dicken Regentropfen sah, die an der Fensterscheibe nach unten liefen.

Trotz des schlechten Wetters saßen Mama und Papa gut gelaunt im Wohnzimmer. Mama sah angestrengt auf ihr Smartphone und machte sich auf einem kleinen Blatt eifrig Notizen.

„Aber Mama!“, sagte Lilly. „Wir sollen doch im Urlaub nicht so viel am Handy hängen!“

Mama grinste über das ganze Gesicht. „Stimmt, aber ich musste mal eben schnell eine Reise nach Asien planen.“

„Nach Asien?“, fragte Nikolas.

„Jupp!“, sagte Papa.

Lilly dachte kurz nach. „Und in welches Land genau? Asien ist doch ein großer Kontinent.“

„Damit ihr in der Schule auch etwas zu erzählen habt, wollen wir nicht kleckern, sondern klotzen. Vier bis fünf Länder sollten wir schon schaffen.“ Papa grinste schelmisch über das ganze Gesicht.

„Der Himalaya wäre toll!“, erwiderte Nikolas.

„Schon notiert“, sagte Mama und wedelte mit ihrem Notizblatt in der Luft. „Unser Privatjet startet in einer halben Stunde. Nehmt euch etwas zu lesen mit. Der Flug dauert etwas länger.“

Während Mama etwas später das Fahrzeug vom Hof lenkte, spielte Papa von seinem Handy den Sound eines startenden Flugzeugs ab. Lilly und Nikolas kringelten sich auf der Rückbank vor Lachen. „Toll, dass unser Privatjet so klein ist, dass man ihn auf jedem normalen Parkplatz abstellen kann", merkte Nikolas grinsend an, als Mama nach etwas über einer Stunde einparkte.

Ihr heutiges Ziel war die Entdeckerwelt *botanika* in Bremen. Sie lag inmitten eines großen Rhododendronparks. Leider braute sich schon wieder ein Unwetter zusammen, sodass sie im Laufschritt den Hinweisschildern folgten. Die Entdeckerwelt bestand aus mehreren riesigen Gewächshäusern, die ineinander übergingen. Als Papa die Eintrittskarten kaufte, bekam jedes Kind einen Reisepass ausgehändigt. „In jedem Land, das ihr bereist, gibt es eine Stempelstation", erklärte ihnen der Museumsmitarbeiter. „Die Stempel könnt ihr in eurem Pass sammeln. Das lohnt sich, denn sie sind sehr schön!"

Und dann ging die Reise los. Die erste Station war Japan. Schon bald zierte ein roter Stempel mit japanischen Schriftzeichen das erste Feld ihrer Pässe. Papa stand vor einem riesigen goldenen Buddha. „Das ist der Friedens-Buddha für Europa", erklärte er den Geschwistern. „Ein Geschenk des Dalai Lama."

„Was für ein Lama?" Lilly blickte ihren Vater fragend an.

Papa lachte. „Kein Lama! Sondern der Dalai Lama. Das ist der höchste Gelehrte des Buddhismus." Er wollte Lilly noch etwas über diese Religion erzählen, doch die war schon abgezischt und kniete vor dem Koi-Becken, in dem orangefarbene und gelbe Fische schwammen.

Nach dem japanischen Garten durchstreiften sie die Nebelwälder Borneos und beobachteten dort zwei Beos, die laut rufend umherflogen. Danach erkundeten sie die Bergwelten des Himalayas. Sie bestaunten bunte Drachen, die auf Felswände gemalt waren, und drehten Gebetsmühlen. Sie erfuhren, dass sich in diesen Mühlen Papierrollen befanden, die mit Mantras, so nennt man die Gebetsformeln, bedruckt waren. Drehte man die Gebetsmühle, so wurden diese Mantras in den Himmel geschickt.

Am besten gefiel den Geschwistern das Tropenhaus. Hier schlug ihnen beim Öffnen feucht-warme Luft entgegen. Lilly war keine drei Schritte gegangen, als sie schon die ersten Schmetterlinge erblickte. „Die sind ja fast so groß wie meine Hand!"

„Haben die tolle Farben!", entfuhr es Mama. Einige Schmetterlinge waren orange, andere schwarz mit gelben Streifen oder auch schwarz mit roten Flecken.

„Guckt euch das mal an!", rief Nikolas. Er stand vor einer Art Schrank, in dem bräunliche und hellgrüne, längliche Schmetterlingspuppen hingen. „Hier sitzt ein frisch geschlüpfter Schmetterling!"

Im hinteren Teil des Tropenhauses gab es ein Gehege, in dem zwei Weißhandgibbons tobten. Sie waren so schnell, dass man ihnen mit Blicken kaum folgen konnte. Einer der beiden Affen kam direkt zu den Geschwistern an die Fensterscheibe. Er hielt sich mit den Händen an einem Seil an der Decke fest und trommelte dann mit seinen großen Füßen an die Scheibe. „Lesen kann der aber nicht", stellte Nikolas fest und zeigte auf ein großes Schild mit der Aufschrift: „Bitte nicht klopfen!" Die Kinder konnten sich von den Affen gar nicht trennen, aber ihre Eltern wollten unbedingt in das Entdeckerzentrum.

Auch hier gab es viel zu erforschen. Mama war entzückt von den blauen und grünen Fröschen, die sich aber als giftig herausstellten. „Ganz schön gefährlich hier!“, sagte Papa und steckte seine Hand in ein Modell eines Fangblattes der Venusfliegenfalle, das sofort zuschnappte.
Erschöpft ließ sich Nikolas auf einen roten Sessel in Blütenform fallen. Sofort fing die Blüte dieser fleischfressenden Pflanze laut an zu schmatzen. Lilly kriegte sich vor Lachen gar nicht mehr ein.
„Wo ich die Blume so schmatzen höre, merke ich, dass ich einen Wahnsinnshunger habe“, sagte Mama. „Gleich nebenan gibt es das Café und Restaurant ‚Bloom‘.“
Während Familie Sonnenschein auf ihre bestellten Getränke und Kuchen wartete, besah sich Lilly die bunten Stempel, die sie fleißig in ihrem Reisepass gesammelt hatte. „Ich weiß gar nicht, welchen ich schöner finde. Den Gibbon aus Borneo oder den Drachen aus Bhutan.“
„Wahnsinn! Wir waren drei Stunden in der *botanika*“, bemerkte Papa mit einem Blick auf seine Uhr. „Und ich habe das Gefühl, dass wir immer noch nicht alles gesehen haben. Wollen wir das Entdeckerzentrum gleich noch weiter erkunden?“
„Ich würde mir ehrlich gesagt lieber die Altstadt ansehen“, sagte Mama. „Es hat aufgehört zu regnen.“
„Gibt es da nicht die *Bremer Stadtmusikanten*?“, fragte Lilly.
„Mal gucken, ob wir sie entdecken“, meinte Papa.

„Mann, ist der riesig!“, sagte Nikolas, als sie vor der gewaltigen Statue des *Rolands* auf dem Marktplatz standen. Lilly und Nikolas wussten von einem Besuch im Harz, dass der steinerne Ritter im Mittelalter als Volksheld galt und ein Symbol für das Stadtrecht war.
„Das Denkmal ist mehr als zehn Meter hoch und schon über 600 Jahre alt“, erklärte Mama. „In Bremen sagt man, dass die Stadt so lange frei und selbständig bleibt, wie der Roland steht und über sie wacht.“

Auch sonst gab es in der Altstadt jede Menge zu entdecken. Rund um den *St.-Petri-Dom*, die älteste Kirche Bremens, lauerten steinerne Drachen und andere Ungeheuer. Im Pflaster auf dem Marktplatz befand sich das *Bremer Loch*. Dieses Loch sah aus wie ein Gullideckel, aber wenn man eine Münze hineinwarf, konnte man die berühmten Bremer Stadtmusikanten hören: Esel, Hund, Katze und Huhn. Die Bronzestatue der *Stadtmusikanten* mussten sie eine Weile suchen, aber schließlich wurden sie fündig. Natürlich mussten alle Familienmitglieder die Hufe des Esels umfassen, das soll nämlich Glück bringen. „Du musst mit beiden Händen jeweils einen Huf umfassen, sonst klappt es nicht", sagte eine ältere Dame zu Lilly. Die Hufe des Esels glänzten schon ganz golden, weil jeder Tourist hier seinem Glück auf die Sprünge helfen will.

Nach einem Bummel durch die enge *Böttcherstraße* mit ihren kleinen Geschäften, dem Handwerkerhof und bunten Kunstwerken, schlenderten sie ein Stück an der Weser entlang, um ins *Schnoorviertel* zu gelangen.

„Dies ist der älteste Teil von Bremen", erklärte Papa. „Die Häuser hier sind zwischen 200 und 400 Jahre alt."
„*Schnoor* kommt aus dem Niederdeutschen und heißt Schnur. Die Häuser stehen hier so eng, als wären sie auf einer Schnur aufgezogen", fügte Mama hinzu.
Die Geschwister bestaunten die engen Gassen mit den schmalen Häusern, an denen es so niedrige Eingangstüren gab, dass selbst Nikolas seinen Kopf hätte einziehen müssen.
Sie konnten in der *Bremer Bonbonmanufaktur* zusehen, wie Bonbons hergestellt werden, und Mama musste unbedingt ein paar winzige Weihnachtsbaumanhänger in dem Weihnachtsladen kaufen, der das ganze Jahr geöffnet hat.
Papa kaufte in einem kleinen Lädchen zwei Bremer Spezialitäten: Kaffeebrot und Kluten. Kaffeebrot war ein geröstetes Weißbrot, das mit Zucker und Zimt bestreut ist. Die Kluten waren so groß wie zwei Stücke Würfelzucker, zur Hälfte mit Schokolade überzogen und schmeckten nach Pfefferminz.
„War das anstrengend!", sagte Papa, als sie wieder im Auto saßen. „Heute mache ich garantiert nichts mehr."
Das sah Lilly anders. „Hoffentlich können wir wieder mit Jesco zusammen Minka füttern", flüsterte sie ihrem Bruder zu.

GANZ SCHÖN NEUGIERIG!

Kurz bevor Familie Sonnenschein ihre Ferienunterkunft erreichte, sahen Lilly und Nikolas Jesco auf dem Fahrrad. „Ob er Minka schon gefüttert hat?“, fragte Lilly. Die Geschwister klopften an die Autoscheibe, bis Jesco von ihnen Notiz nahm. Sofort radelte er zum Ferienhaus der Sonnenscheins.

„Hallo, Jesco!“ Nikolas winkte seinem neuen Freund zu. „Warst du schon die Katze füttern?“

Jesco schüttelte den Kopf. „Ich komme gerade vom Fußballtraining. Dienstags füttert Janna immer Minka.“

„Wie sieht es aus mit einer Runde Eis?“, schlug Papa vor. „Im Tiefkühlfach findet ihr welches.“

Das ließen sich die Kinder nicht zweimal sagen und setzten sich Eis essend auf eine Bank hinten im Garten. Lilly und Nikolas berichteten, was sie in Bremen erlebt hatten.

„Jesco!“, rief plötzlich eine energische Stimme vom Nachbargrundstück. „Wo bist du? Ich weiß genau, dass du hier irgendwo bist! Ich habe dein Rad gesehen!“

Jesco seufzte. „Meine Schwester mal wieder. Immer muss die mich rumkommandieren!“

„Wusste ich es doch!“ Janna stand im Gartentor und hatte die Hände in die Seite gestemmt. „Du musst noch Katzenfutter kaufen. Ich habe eben die letzte Dose verbraucht. Beeil dich gefälligst, bevor der Supermarkt zumacht!“

Jesco seufzte noch lauter.

„Ist das weit?“, fragte Nikolas. „Sollen wir dich begleiten?“

„Vielleicht fünf Minuten mit dem Rad“, antwortete Jesco.

„Ich frage schnell unsere Eltern“, sagte Lilly und flitzte schon los.

Als die drei Kinder voll bepackt mit Katzenfutter aus dem Supermarkt kamen, sahen sie bei den Fahrradständern zwei Jungen, die lautstark diskutierten. „Du kannst dir ja auch mal was einfallen lassen!", sagte der eine, der eine sehr tiefe Stimme hatte.
„Auch das noch!", murmelte Jesco.
„Kennst du die?", wollte Lilly wissen. Fieberhaft überlegte sie, warum ihr die Stimme des einen Jungen so bekannt vorkam.
„Ja, die sind in meiner Klasse. Der mit den braunen Locken ist Rokko. Das war mal mein bester Freund, aber seitdem Marcel in unsere Klasse gekommen ist, hängt er nur noch mit dem ab."
„Und Marcel ist der andere, der mit der tiefen Stimme und den blonden superkurzen Haaren?", hakte Nikolas nach.
Jesco nickte.
Nun hatten die beiden Jungen Jesco entdeckt. „Was willst du denn mit dem ganzen Zeug?", fragte Rokko mit einem Blick auf die Einkäufe. „Hast du jetzt etwa eine Katze?"
Jesco schüttelte den Kopf. „Nee, ich kümmere mich um Minka von Frau Öltjen."
„Wer ist denn Frau Öltjen?", fragend blickte Marcel zu Rokko.
„Die hatten wir mal als Lehrerin, bevor du in unsere Klasse gekommen bist."
„Und warum füttert die nicht selber ihr Viech?", hakte Marcel nach.
„Weil sie für längere Zeit in Neuseeland ist", antwortete Jesco und stapelte das Katzenfutter in seinen Fahrradkorb.
„Frau Öltjen muss ja ganz schön lange weg sein, so viel Katzenfutter, wie du gekauft hast", bemerkte Rokko.
„Das wird noch nicht einmal reichen", erwiderte Jesco.
„Musst du dich etwa die ganzen Ferien um das Tier kümmern?", wollte Marcel wissen.
„Mindestens", antwortete Jesco knapp. Rokko und Marcel warfen einander einen Blick zu.

Ein kleines Stück von den Kindern entfernt, hielt ein weißer Kastenwagen und hupte zweimal kurz. „Wir müssen", sagte Marcel. Wie auf Kommando zogen beide leuchtendblaue Käppis aus ihren Gesäßtaschen, setzten sie auf, drehten sich um und gingen zu dem Wagen.
„Die scheinen ja ganz schön viel Knete zu haben", stellte Nikolas fest. „Beide trugen sauteure T-Shirts von Gucci."
Lilly nickte. „Und die Käppis waren von Lacoste. Da kostet eines 50 Euro!"
Erstaunt blickte Nikolas seine Schwester an. „Woher weißt du das denn?"
„Joel aus meiner Klasse hat eins zum Geburtstag bekommen und damit ohne Ende geprahlt."
Jesco zog die Schultern hoch. „Über Marcel weiß ich nicht so viel, aber Rokkos Eltern haben nicht viel Geld. Keine Ahnung, wo er die Klamotten her hat."
Als Jesco das Futter verstaut hatte, machten er und die Geschwister sich wieder auf den Heimweg. „Bringen wir das Futter jetzt gleich zu Minka?", fragte Lilly hoffnungsvoll.
„Nee, ich muss nach Hause. Das nehme ich morgen mit, wenn ich sie wieder füttere."
„Hoffentlich können wir dich dann wieder begleiten", sagte Nikolas.
„Du? Nikolas?", fragte Lilly, als die Geschwister abends im Bett lagen.
„Hm", murmelte ihr Bruder, der kurz vor dem Einschlafen war.
„Ist dir auch etwas an Marcel bekannt vorgekommen?"
„Nee, wieso? Den habe ich doch noch nie vorher gesehen", entgegnete Nikolas.
„Aber vielleicht gehört", sagte Lilly. „Erinnerst du dich, als wir uns im Schwimmbad versteckt haben? Da haben wir doch ein Gespräch mit angehört. Einer der beiden hatte auch so eine tiefe Stimme wie Marcel."
„Ja, und?", antwortete Nikolas. „Der darf da doch auch schwimmen gehen!"
Dann drehte er sich auf die andere Seite und war nach wenigen Atemzügen eingeschlafen.

WIR MACHEN MAL EBEN EINE WELTREISE

„Aufstehen!“, rief Papa gut gelaunt und zog erst Nikolas, dann Lilly die Bettdecke weg.
„Es sind doch Ferien!“, brummte Nikolas und versuchte, seine Bettdecke zurückzuerobern.
„Nichts da!“, sagte Papa. „Heute wird nicht rumgebummelt. Nachdem wir schon in den Tropen und in ganz Asien waren, machen wir jetzt noch eine Weltreise.“
„Eine Weltreise?“, echote Lilly.
Papa nickte. „Heute besuchen wir das *Klimahaus* in Bremerhaven. Frühstückt ordentlich, denn wir werden den ganzen Tag unterwegs sein.“
Eine Stunde später saß Familie Sonnenschein im Auto. „Ob wir wirklich den ganzen Tag für dieses *Klimahaus* brauchen?“ Fragend sah Lilly ihren Bruder an.
Nikolas zuckte mit den Schultern. „Vielleicht sind wir ja rechtzeitig zurück, sodass wir mit zu Minka fahren können.“ Er seufzte. „Ich würde gerne mal etwas mehr Zeit mit Jesco verbringen.“
„Guckt mal, das *Klimahaus* sieht aus wie ein riesiges Schiff“, sagte Mama.
Papa kniff die Augen zusammen und legte den Kopf schief. „Da braucht man aber schon eine Portion Fantasie!“
Während Mama die Eintrittskarten holte, erklärte Papa den Kindern, dass sie gleich entlang des achten Längengrades einmal die Erde umrunden würden.
„Warum ausgerechnet auf dem achten Längengrad?“, wollte Nikolas wissen.
„Weil auf diesem Grad Bremerhaven liegt. Wir starten genau von hier“, sagte Mama und drückte jedem seine Eintrittskarte in die Hand.

Die Reise begann mit einem dreiminütigen Film, in dem sie Axel Werner kennenlernten. Der Hamburger hatte diese Reise in Wirklichkeit unternommen. Unterwegs hat er viele Menschen kennengelernt, gefilmt und Tagebuch geschrieben. Aus den Tagebuchaufzeichnungen wurde dann die Ausstellung des Museums gestaltet. Als der Film zu Ende war, verwandelte sich der Vorführraum in den Hauptbahnhof von Bremerhaven. Die Leinwand fuhr hoch, und Eisenbahnschienen erschienen. Über diese Schienen stiegen sie hinüber, und damit begann ihre spannende Weltreise.

In den nächsten Stunden amüsierte sich die Familie Sonnenschein prächtig. In der Schweiz erlebten sie einen Steinschlag und erklommen einen künstlichen Gletscher. Lilly und Nikolas versuchten sich im Jodeln und beim Melken einer künstlichen Kuh. Auf Sardinien schrumpften sie zu Insekten auf einer grünen Wiese und standen vor einer riesigen Getränkedose, die jemand in der Natur entsorgt hatte. In Niger buddelten Lilly und Nikolas Dinosaurierknochen aus, und in Kamerun erkundeten sie den Regenwald bei Nacht. Hier gruselte sich die gesamte Familie ein wenig vor den unbekannten Tiergeräuschen und dem Gewittergrollen. Fast wäre Nikolas auf dem glitschigen Boden ausgerutscht.

Sie froren bei Minusgraden in der Antarktis und schwitzten in der Schwüle Samoas. Zum Schluss holte Papa sich auf Langeness fast nasse Füße, als plötzlich Land unter war. Von der Hallig Langeness war es dann gar nicht mehr weit bis zu ihrem Startpunkt in Bremerhaven.

Da man auf solch einer abenteuerlichen Weltreise einen Mordshunger bekommt, kehrten sie noch im Restaurant ein, bevor sie sich wieder auf den Weg nach Butjadingen machten.

EIN OFFENES GARTENTOR

Lilly und Nikolas hatten Glück. Als sie wieder beim Ferienhaus angekommen waren, tauchte nach ein paar Minuten Jesco auf, um sie zum Katzenfüttern abzuholen. Auch das Wetter hatte ein Einsehen. Die Sonne kam hervor. Die Kinder gaben ordentlich Gummi und erreichten schon nach wenigen Minuten das Häuschen von Frau Öltjen.

„Oh, Mann", entfuhr es Jesco. „Unser Postbüdel muss wieder Urlaub haben!"

„Was ist denn ein Postbüdel?" Lillys Gesicht war ein einziges Fragezeichen.

Jesco lachte. „Ein Postbote!"

„Und wie kommst du darauf, dass er Urlaub hat?", hakte Nikolas nach.

„Weil das Gartentor geöffnet ist. Das muss immer geschlossen sein, weil der Wind es sonst die ganze Zeit hin und her schlägt, und dann geht es kaputt. Unser Postbote weiß das."

Die Kinder schoben ihre Fahrräder auf das Grundstück, und Lilly schloss als Letzte sorgfältig das Gartentor. Dabei fielen ihr zwei Räder ins Auge, die auf der anderen Straßenseite am Maschendrahtzaun lehnten, der den Deich von der Straße trennte. Eines der Räder, ein BMX-Rad, hatte ein grünes Tarnmuster auf den Reifen.

Unterdessen fingerte Jesco den Schlüssel aus dem Nistkasten und sah im Postkasten nach. „Komisch, Frau Öltjen hat gar keine Post bekommen", stellte er fest. Aber er kam gar nicht dazu, sich darüber weitere Gedanken zu machen, denn Minka kam angeflitzt. Mit lautem Maunzen strich die Katze um die Beine der Kinder. Jesco hatte große Mühe, die Katzenfutterdosen, die er in seinem Fahrradkorb gestapelt hatte, ins Haus zu bringen, ohne über das Tier zu fallen. Minka gab erst Ruhe, als ihr Futternapf aufgefüllt war.

Nachdem die Katze satt war, spielten sie mit ihr. Lilly hatte extra einen Bindfaden mitgebracht, den Minka jagte. Die Katze ging in Lauerstellung und ließ den Faden nicht aus den Augen. Mit einem Mal sprang sie auf das Fadenende zu, drehte sich zweimal um ihre eigene Achse und machte dann noch einen Purzelbaum. Lilly und Minka konnten von ihrem Spiel gar nicht genug bekommen.

Ein wenig später machten sie sich wieder auf den Weg. Als sie die Fahrräder vom Grundstück schieben wollten, stutzte Jesco. Das Gartentor stand schon wieder sperrangelweit offen. Er drehte sich zu Lilly und Nikolas um, die direkt hinter ihm standen. „Habt ihr das Tor offengelassen?"

„Nein!", erwiderte Lilly sofort. „Ich bin mir sicher, dass ich es zugemacht habe!"

Als alle drei auf der Straße standen, verschloss Jesco das Tor sorgfältig. Zur Sicherheit ruckelte er daran, aber es blieb zu.

Anschließend fuhren sie ein Stück den Deich entlang bis zum Strandzugang. Dort schoben sie ihre Fahrräder hoch, setzten sich auf eine Bank auf dem Deich und unterhielten sich. Sie redeten über das *Klimahaus*, das Jesco von einem Schulausflug kannte. Möwen kreischten über ihren Köpfen, und das Meer rauschte.

Als Jescos Handy piepte und er einen Blick auf die eingegangene Nachricht geworfen hatte, seufzte er. „Meine Schwester. Immer ist die am Nerven!"

„Was will sie denn?", fragte Nikolas.

„Ich soll zum Abendbrot kommen. Wer braucht schon eine Schwester!"

„Ach, ich bin mit meiner ganz zufrieden!" Nikolas grinste Lilly an und zog einmal kurz an ihrem Pferdeschwanz. Zum Dank buffte sie ihn leicht in die Seite.

„Wir sollten unsere Nummern austauschen. Wer weiß, wozu es gut ist", regte Jesco an, als seine neuen Freunde sich auf den Heimweg machten.

„Gute Idee!", stimmte ihm Lilly zu. „Dann kannst du uns morgen schreiben, wenn du zu Minka fährst."

Jesco schüttelte den Kopf. „Morgen füttert Janna. Ich habe gleich nach der Schule wieder Fußballtraining."

EIN SPRECHENDER PLATTFISCH UND SCHNÜFFELNASEN

Am nächsten Morgen schien zur Abwechslung die Sonne. Mama und Papa hatten deswegen eine lange Radtour quer durch Butjadingen geplant. „Wir werden heute die *Milch-Ku(h)l-Tour* in leicht abgewandelter Form abfahren", erzählte Mama.

„Warum habt ihr die Route abgewandelt?", wollte Lilly wissen.

„Bei dem tollen Wetter wollen wir in Burhave baden", erklärte Mama. „Dann werden wir nicht alle Stationen schaffen. Also nehmt eure Badesachen mit!"

„Haut das denn mit der Flut hin?", fragte Nikolas.

„In der *Nordsee-Lagune* kann man unabhängig von Ebbe und Flut baden", sagte Papa und packte ein paar Snacks für unterwegs ein.

Die Radtour startete direkt in Tossens an der Strandallee. Von hier aus ging es immer am Deich entlang. Lilly konnte sich an den grasenden Schafen mit ihren Lämmern gar nicht sattsehen.

Ihren ersten Halt machten die Sonnenscheins am Feldhauser Deich. Hier ragten auf einem kleinen Platz sieben lange Stahlstelen in die Luft. Die Familie erfuhr, dass diese Stelen Teil des *Skulpturenpfades* waren und den Titel *„Turmbau zu Babel"* trugen. Ringsherum gab es Mauerreste aus Ziegeln. In den Mauern waren Metallsitze eingelassen, und man konnte sich Texte zur biblischen Geschichte anhören.

Nur wenige Meter entfernt warfen sie einen Blick über den Deich auf den *Langwarder Groden*. Hier luden ein vier Kilometer langer Rundwanderweg und ein zwei Kilometer langer Naturentdeckungspfad dazu ein, das Leben in

den Salzwiesen hautnah zu erleben. Es gab Vogelbeobachtungshütten und Aussichtsplattformen. „Leider schaffen wir das heute zeitlich nicht“, sagte Mama. „Vielleicht passt es in den nächsten Tagen noch einmal.“

Weiter ging es zum Fischerdörfchen Fedderwardersiel. In dem idyllischen Hafen lagen farbenfrohe Krabbenkutter. Papa steuerte sofort „Die Fischereigesellschaft“, ein Fischgeschäft, an und holte Fischbrötchen für alle. Außerdem brachte er eine Tüte fangfrischen Granat mit, den sie unter großem Gelächter an Ort und Stelle pulten. „Wenn wir davon leben müssten, würde ich verhungern“, stellte Mama fest, deren Krabbe wieder einmal in der Mitte abgerissen war.

Bevor sie wieder auf die Räder stiegen, entdeckte Nikolas ein merkwürdiges, silberfarbenes Gebilde: den *Hörstuhl Plattfisch*. Bei näherem Hinsehen konnten sie tatsächlich einen Fisch erkennen. Lilly und Nikolas nahmen sofort Platz und erfuhren per Knopfdruck etwas über die Geschichte des Hafens und seine drohende Verschlickung. Lange konnten sie jedoch nicht zuhören, denn Mama blies zum Aufbruch. „Ich glaube, wir haben uns jetzt eine kleine Erfrischung verdient. Auf zur *Nordsee-Lagune*!“

Dagegen hatten die Geschwister nichts einzuwenden. Bis nach Burhave war es zum Glück nicht weit. „In der *Nordsee-Lagune* haben sie die Ebbe abgeschafft", erklärte Papa ihnen unterwegs.
„Und wie haben sie das gemacht?" Lilly genoss es, dass der Fahrtwind für ein wenig Abkühlung sorgte. Der Sommer zeigte sich nun von seiner besten Seite.
„Der Meerwasser-Badesee liegt direkt am Wattenmeerrand und wird von Pumpen mit frischem Nordsee-Wasser gespeist."
„Super Idee!" Nikolas streckte seinen Daumen in die Höhe.

Drei Stunden verbrachte Familie Sonnenschein in der Lagune. Mama und Papa hatten sich einen Strandkorb gemietet und dösten ein wenig vor sich hin. Lilly und Nikolas tobten sich im Wasser aus und spielten mit anderen Kindern Beachvolleyball. Gerne wären sie noch länger geblieben, aber Papa hatte ihnen noch eine besondere Sportart versprochen, die es angeblich nur in Butjadingen gab.
Neugierig fuhren sie zum *Hof Iggewarden*. „Dort spielen wir eine Runde Friesengolf", kündigte Papa an.
Die Geschwister dachten an so etwas wie Minigolf und staunten dann nicht schlecht, als Mama ihnen einen Besenstiel in die Hand drückte, an dem ein alter Gummistiefel befestigt war. Die Golfbälle waren bunte Kindergummibälle.
Kichernd versuchten sie, mit ihren „Golfschlägern" die Bälle über das weiträumige Gelände in die nummerierten Löcher zu schlagen. Es ging

vorbei an duftenden Rosen, Hängebauchschweinen, Ziegen und Schafen, die sich bereitwillig streicheln ließen. Lilly traute sich sogar, eines der Hängebauchschweine zu kraulen.

Bevor es weiterging, kaufte Mama im Hofladen ein Stück Seife aus Schafsmilch und ein Glas Honig für das Frühstück am nächsten Tag. Nikolas hätte zu gern ein Stück von dem frisch gebackenen Kuchen gegessen, der so lecker aussah, aber die Eltern wollten an der nächsten Station in einem *Melkhus* einkehren.

Das Ziel lag in dem kleinen Ort Seeverns. Das *Melkhus* war ein kleines, grün gestrichenes Holzhaus, in dem nur Spezialitäten mit Milch angeboten wurden. Grinsend studierten Lilly und Nikolas die Karte, auf der „Kuh-les mit Milch" stand. Die Kinder bestellten Milchshakes, Papa einen „Deichfeger" und Mama einen „Heulenden Seehund". Zum Abschluss gab es ein Eis für jeden.

Gestärkt gingen sie die letzte Etappe an. Kurz bevor sie ihr Ferienhaus erreichten, kam Lilly die Gegend plötzlich so bekannt vor. „Da vorne ist das Haus von Frau Öltjen, wo wir mit Jesco immer die Katze füttern!", rief sie ihrer Mutter zu, die direkt hinter ihr fuhr.

Vor dem Haus, am Straßenrand, hatten zwei andere Radfahrer Halt gemacht. Erst auf den letzten Blick bemerkte Lilly, dass es Marcel und Rokko waren. Was hatten die beiden Jungen dort zu suchen?

Da Papa und Nikolas schon ein ganzes Stück weiter vorn fuhren, konnte Lilly erst zu Hause mit ihrem Bruder über ihre Entdeckung reden.

„Hast du auch Marcel und Rokko vor dem Haus von Frau Öltjen gesehen?“

Nikolas nickte.

Lilly zwirbelte eine Strähne ihres Pferdeschwanzes um ihren Zeigefinger. „Was die da wohl wollten?“

„Oh, meine Schwester, die Superdetektivin, hört schon wieder die Flöhe husten!“ Nikolas grinste.

Lilly streckte ihm die Zunge raus. „Nee, mal im Ernst: Was hatten die da zu suchen?“

Nikolas zuckte mit den Schultern. „Ich glaube, du machst dir zu viele Gedanken. Die standen einfach mit ihren Rädern am Straßenrand. Vielleicht sind sie ein wenig durch die Gegend gefahren.“

„Oder sie haben Jesco begleitet“, überlegte Lilly weiter.

„Nee, das auf keinen Fall“, erwiderte Nikolas. „Erstens war da nirgends eine Spur von Jesco oder seinem Rad zu sehen. Und zweitens hat er doch gestern erzählt, dass seine Schwester heute die Katze füttert, weil er Fußballtraining hat.“

„Wir fragen ihn morgen einfach“, beschloss Lilly.

DIE KÜSTE UND DAS WATTENMEER

„Morgen ist unsere erste Urlaubswoche schon vorbei, und wir waren so gut wie noch gar nicht am Strand!“, beschwerte sich Lilly und ließ sich auf das Sofa plumpsen.

„Und heute wird daraus auch nichts.“ Nikolas wies mit dem Kopf zum Fenster, an dem schon wieder dicke Regentropfen herunterliefen.

„Zum Glück haben wir hier jede Menge Museen zur Auswahl“, sagte Mama, die einen Flyer von Wilhelmshaven studierte.

Nikolas verdrehte die Augen. „Schon wieder ein Museum!“

Mama blickte mit gerunzelter Stirn auf. „Ich hatte eigentlich das Gefühl, dass ihr euch bisher gut amüsiert habt.“

Nikolas brummelte etwas, das man nicht verstehen konnte, und Lilly band sich einen Pferdeschwanz, um nicht antworten zu müssen.

„Was hast du denn rausgesucht, Schatz?“ Papa versuchte, die Situation zu retten.

„Ich dachte, wir fahren nach Wilhelmshaven und besuchen das *Wattenmeer Besucherzentrum*. Das haben wir in unserem letzten Urlaub nicht mehr geschafft. Da können wir allerlei über die Tiere des Wattenmeeres und besonders über Wale erfahren.“

„Tiere sind immer gut“, verkündete Lilly.

„Du und deine Tiere“, brummte Nikolas. „Und Walskelette haben wir schon so oft gesehen. Die sehen doch immer gleich aus!“

„Ich denke, du wirst überrascht sein, was dir das Museum in Sachen Wale zu bieten hat“, sagte Mama. „Das hast du garantiert noch nicht gesehen.“

„Was denn?“

Mama tat so, als würde sie ihren Mund mit einem Schlüssel verschließen und zuckte dann mit den Schultern.

Die Geschwister warteten, dass ihre Eltern zum Aufbruch bliesen. Lilly stand am Fenster und blickte zum Haus von Jesco hinüber. „Hoffentlich können wir Jesco heute sehen!"

„Wenn nicht, können wir uns ja trotzdem bei ihm melden." Nikolas hielt sein Smartphone in die Luft. „Wir haben ja zum Glück seine Nummer."

„Wir müssen ihn unbedingt fragen, was Marcel und Rokko bei dem Haus verloren hatten." Lilly wurde ganz nervös bei dem Gedanken. Irgendeine Kleinigkeit störte sie, aber sie kam einfach nicht darauf, obwohl sie gestern im Bett noch darüber nachgedacht hatte.

„Dafür habt ihr bestimmt später noch Zeit", sagte Papa. Erst jetzt merkten die Geschwister, dass er in der Tür stand. „Seid ihr abfahrbereit?"

„Die Brücke, über die wir gleich fahren, ist die *Kaiser-Wilhelm-Brücke* und das Wahrzeichen von Wilhelmshaven", erzählte Papa, während er an der roten Ampel wartete. „Wegen ihrer blau-türkisen Farbe nennt man sie auch ‚Das blaue Wunder von Wilhelmshaven'."

Mama beugte sich nach vorn, um von ihrem Platz aus möglichst viel zu sehen. „Die ist aber auch sehr eindrucksvoll! Obwohl sie so groß ist, sieht sie sehr filigran aus." Als Architektin interessierte sie sich außerordentlich für Bauwerke aller Art.
Da die Brücke sehr schmal war, gab es nur eine Fahrspur, und der Verkehr wurde mit einer Ampel geregelt. Am Anfang und Ende der Brücke standen jeweils zwei quadratische Backsteinhäuschen.
„Das ist eine Drehbrücke", erklärte Mama. „Wenn hier ein größeres Schiff durchwill, dann wird die Brücke nicht hochgeklappt, sondern ihre beiden Hälften drehen sich zur Seite weg."
„Leider können wir nicht darauf warten", Papa seufzte. Die Ampel wurde grün, und er gab Gas. Sie fuhren unter zwei großen Stahlbögen hindurch, in deren Mitte jeweils eine große altertümliche Laterne hing.
Papa parkte das Auto gleich in der Nähe der Brücke, und die Familie bummelte die Straße hinauf zum Museum. Sie kamen am *Marinemuseum* vorbei, das sie ebenfalls schon in ihrem Urlaub in Ostfriesland besucht hatten.
„Da vorne muss das Besucherzentrum sein", sagte Mama und zeigte auf einen großen Vorplatz, auf dem ein riesiger Wal aus Metallschrott auftauchte. Von dem Wal musste Lilly sofort Fotos machen. Wenn Nikolas sich streckte, konnte er seinen Arm in das geöffnete Maul stecken.
Das Besucherzentrum war über vier Etagen verteilt. Die erste Etage war den Walen der Nordsee gewidmet.
„Habt ihr gewusst, dass Wale verschiedene Nasenlöcher haben?", fragte Nikolas. „Bartenwale haben zwei Blaslöcher, so nennt man die Nasenlöcher, Zahnwale haben nur eines. Und beim Pottwal ist es ganz lustig. Da sitzt das Blasloch asymmetrisch an der vorderen linken Kopfseite."
„Das ist ja toll", entfuhr es Papa. „Hier kann man ein echtes Blasloch anfassen." Und schon steckte er seine Hand in das längliche Nasenloch des Wales.

„Du spinnst!“, sagte Lilly und sah sich skeptisch den schwarzen, undefinierbaren Klumpen an. „Das geht doch gar nicht. Das würde doch vergammeln.“

„Papa hat tatsächlich recht“, sagte Mama, die das dazugehörige Schild studiert hatte. „Das ist ein Original-Blasloch vom Pottwal von Baltrum. Seine Zellflüssigkeit wurde durch Kunststoff ersetzt und so das Ganze lange haltbar gemacht.“

„Papa? Wusstest du schon, dass du am Bauch eine Blubberschicht hast?“, fragte Nikolas keck. „So heißt die Fettschicht, die die Wale unter der Haut haben, damit sie gegen Kälte geschützt sind.“

„Na, warte!“ Papa drohte mit dem Finger, konnte sich das Grinsen dann aber doch nicht verkneifen.

„Was für eine tolle Ausstellung!", sagte Mama zufrieden. Sie stand auf der Panoramaterrasse mit dem Rücken an der Wand und genoss die Aussicht auf die *Kaiser-Wilhelm-Brücke*, die auch aus größerer Entfernung majestätisch wirkte.

„Da stimme ich dir vollkommen zu", antwortete Papa. „Wir haben auf unseren Reisen schon einige Ausstellungen zum Thema Wattenmeer besucht, aber diese war wirklich etwas Besonderes."

„Vor allen Dingen, weil man so viel machen konnte", fügte Lilly hinzu. „Leider konnte ich bei dem einen Spiel den Wal auf seiner Reise nicht retten. Er ist verhungert. Aber ich habe als Archäologin einen Mammutzahn ausgebuddelt!"

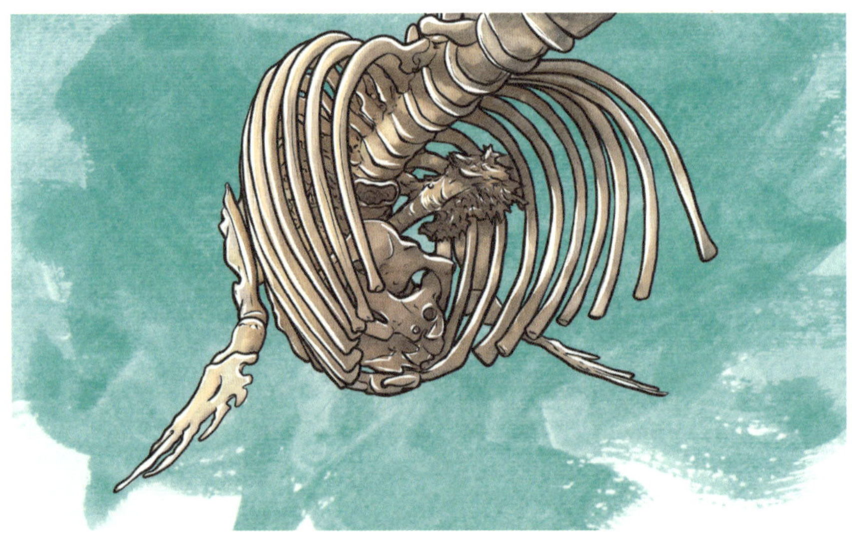

Papa lachte. „Und ich weiß jetzt, dass ich so viel wie ein Schweinswal wiege!"

„Ich fand es toll, dass ich einen Vogel beringen konnte und dass man im Kutter herumklettern durfte. In anderen Museen ist das Berühren der Ausstellungsstücke meistens verboten. Hier durfte man echt alles anfassen. Sogar die Barten von einem Wal!", stellte Nikolas fest.

Mama grübelte. „Ich kann mich gar nicht entscheiden, was ich am besten fand. Das Skelett des Wals, das unter der Decke hing, war klasse. Wir haben zwar schon auf Römö solch ein Skelett gesehen, aber hier konnte man sogar die inneren Organe bestaunen. Und dann die Sandbox, in der man mit der Hand die Küste selber gestalten konnte.“ Sie blickte auf ihre Armbanduhr. „Wir waren jetzt über drei Stunden hier, und ich habe das Gefühl, dass wir immer noch nicht alles ausprobiert haben.“

„Das war auf jeden Fall eine der tollsten Ausstellungen, die wir uns jemals angesehen haben“, stellte Nikolas fest.

Mama verdrehte die Augen. „Ach, und wer hat heute Morgen rumgemeckert?“

Lilly sah ihre Mutter treuherzig an. „Das müssen wir so machen, damit du dich hinterher umso mehr freust, wenn wir es toll fanden.“

Wenige Minuten später schlenderte Familie Sonnenschein über die Südstrandpromenade. Zum Glück nieselte es nur ein wenig. Beim „Café Suutsche“ fanden sie ein trockenes Plätzchen unter einem Dach. Von hier aus hatten sie einen guten Blick auf den Jadebusen, die Meeresbucht zwischen Wilhelmshaven und der Halbinsel Butjadingen. Die Promenade wurde vom eigentlichen Strand mit einer Ziegelmauer abgegrenzt. Daran schloss sich eine große Rasenfläche an, an deren Ende Strandkörbe wie Perlen auf der Schnur standen. Mama und Lilly bestellten sich je eine Folienkartoffel. Papa und Nikolas wollten lieber bei ihren heißgeliebten Fischbrötchen bleiben.

„Guck mal!“, forderte Nikolas Lilly auf und hielt ihr sein Brötchen in Muschelform hin. „An was erinnert dich das?“

Ein Strahlen ging über das Gesicht von Lilly. „An das Frühstück auf Baltrum, zu dem wir eingeladen wurden, weil wir die Hundeentführung aufgeklärt hatten.“

ANSCHULDIGUNGEN

„Ach, schade!“, sagte Nikolas und steckte sein Smartphone in die Gesäßtasche.
„Was ist denn?“, wollte Mama wissen.
„Jesco hat geschrieben, dass seine Schwester heute ausnahmsweise die Katze gefüttert hat. Wir hatten gehofft, dass wir uns noch mit ihm treffen können.“
„Wie wäre es denn, wenn ihr ihn zu einem Spieleabend einladet?“ Papa stand mit drei Schachteln in der Hand in der Tür zum Wohnzimmer. „Ich habe hier im Schrank ein paar Gesellschaftsspiele gefunden.“
Lilly und Nikolas sahen einander an und nickten dann beide. „Ich rufe Jesco schnell an“, entschied Nikolas und zückte schon sein Handy. „So was Doofes!“
„Wieso? Was ist denn?“ Fragend blickte Lilly ihren Bruder an.
„Da kommt nur die Meldung, dass der gewünschte Teilnehmer zurzeit nicht erreichbar ist. Entweder hat Jesco sein Handy ausgeschaltet, oder er hat kein Netz.“
„Er ist auf jeden Fall zu Hause. Ich habe gesehen, dass er Müll rausgebracht hat“, sagte Lilly. „Komm, wir laufen schnell rüber und fragen ihn selbst.“

Als die Geschwister bei Jesco vor der Haustür standen, hörten sie, dass drinnen gestritten wurde. Jannas laute Stimme war nicht zu überhören.
„Was machen wir nun?“ Fragend sah Nikolas seine Schwester an.
„Jesco braucht unsere Hilfe!“ Ohne zu zögern, drückte Lilly den Klingelknopf. Wenige Sekunden später wurde die Tür aufgerissen. Vor ihnen stand Janna mit hochrotem Kopf. „Das trifft sich ja bestens! Da sind ja die anderen Verdächtigen! Nur hereinspaziert!“

Lilly warf Nikolas einen Blick zu, zuckte mit den Schultern und trat dann über die Türschwelle. Nun tauchte hinter Janna Jesco auf. „Warum sind wir verdächtig?", wollte Lilly wissen.

„Ihr habt zusammen mit meinem Bruder bei Frau Öltjen heimlich Pizza gegessen!", fauchte Janna.

Hinter Jannas Rücken zeigte Jesco ihr einen Vogel.

„Wie kommst du denn darauf?", frage Nikolas.

„Weil ihr so blöd gewesen seid und ein dreckiges Messer auf dem Tisch im Wohnzimmer liegen gelassen habt! Und der Tisch war voller Krümel!" Dann drehte sie sich zu ihrem Bruder um. „Außerdem: So blind kann ich gar nicht sein, dass ich drei Pizzakartons in der Mülltonne übersehe!"

„Ich weiß überhaupt nicht, wovon du redest!" Grimmig sah Jesco seine Schwester an. „Ich habe dort ganz sicher keine Pizza gegessen!"

„Du warst auch schon mal besser im Lügen!", giftete seine Schwester ihn an.

„Was Jesco sagt, stimmt! Wir haben dort wirklich keine Pizza gegessen!" Nikolas' Stimme klang sehr energisch.
„Ach, dann sind die Kartons wohl von ganz alleine in die Mülltonne gewandert, oder was?" Wutentbrannt drehte sich Janna um und stapfte die Treppe ins Obergeschoss hoch. Dann knallte eine Zimmertür.
„Langsam dreht die komplett durch!", stellte Jesco fest. „Mama sagt, in der Pubertät gibt man sein Gehirn ab. Wenn das so ist, dann kann ich gut darauf verzichten."
„Sind deine Eltern gar nicht da?", fragte Lilly, der aufgefallen war, dass sie Jescos Eltern noch nie zu Gesicht bekommen hatte.
Jesco schüttelte mit dem Kopf. „Die arbeiten beide in der Gastronomie, und da ist ja im Moment Hochsaison. Meistens sind sie schon weg, wenn ich mittags von der Schule komme. Deswegen soll Janna sich ein wenig um mich kümmern. Aber ihr seht ja, wie die sich aufführt."
„Wenn es stimmt, dass Pizzakartons in der Mülltonne liegen, dann ist das aber schon komisch!", überlegte Nikolas.
„Wieso? Vielleicht hat Frau Öltjen sich ja noch Pizza bestellt, bevor sie in den Urlaub gestartet ist", warf Lilly ein.
„Ganz sicher nicht! Ihr kennt Frau Öltjen nicht. Die achtet sehr auf ihre Gesundheit. Nur Vollkorn und Müsli und so. Im Leben würde die keine Pizza bestellen. Und dann gleich drei?" Jesco schüttelte den Kopf. „Außerdem ist Frau Öltjen schon seit mindestens zehn Tagen weg, und die Mülltonnen wurden erst Anfang der Woche geleert. Der Müll in der Tonne kann nicht von ihr sein!"
„Das Rätsel werden wir heute nicht mehr lösen", meinte Lilly. „Wir wollten dich eigentlich zu einem Spieleabend einladen. Hast du Lust?"
„Klar! Bloß weg von hier!"

TROCKENÜBUNG

Am nächsten Morgen trommelten wieder Regentropfen an die Fensterscheiben. „Ich komme mir langsam vor wie bei ‚Und täglich grüßt das Murmeltier'", sagte Mama und goss Papa und sich Kaffee ein.

„Das ist dieser Film, in dem ein Mann den gleichen Tag immer und immer wieder erlebt, oder? Der war witzig", erinnerte sich Nikolas.

„Ich habe eine Idee!", sagte Lilly. Ihre Augen glänzten. „Wir fangen den Tag wie gestern an und fahren nach Wilhelmshaven, und auf dem allerletzten Drücker schlagen wir dem Murmeltier ein Schnippchen und gehen einfach ins Aquarium!"

„Nicht nötig", beruhigte Papa sie. „Heute wirst du etwas ganz Neues erleben."

„Und eigentlich passt da das Wetter ganz gut", stellte Mama fest. „Wir machen heute quasi Trockenübungen."

Aufgeregt rutschte Nikolas auf seinem Stuhl nach vorne. „Und wohin fahren wir?"

„Lasst euch überraschen!", antwortete Mama. „Wir müssen auf jeden Fall ziemlich weit fahren, aber das lohnt sich sicher."

„Fahren wir wieder nach Bremen?" Lilly biss von ihrem Brötchen ab.

„Nein. An dem Ort waren wir noch nie."

Die Fahrt wurde den Geschwistern nicht lang. Unterwegs gab es viel zu gucken, außerdem beschäftigte sie das ungelöste Rätsel vom Tag zuvor.

„Ich wüsste ja zu gerne, was es mit diesen Pizzakartons auf sich hat?", flüsterte Lilly ihrem Bruder zu.

„Es könnte ja sein, dass sich noch jemand um das Haus kümmert", überlegte Nikolas. „Ein Gärtner, der den Rasen mäht und die Blumen gießt oder so."

„Und der futtert dann gleich drei Pizzen auf einmal?“

Nikolas zuckte mit den Schultern.

Nach einer Stunde Fahrt bogen sie in eine lange, gradlinige Straße ein und passierten das Ortsschild von Cuxhaven. Zweistöckige Ziegelbauten mit Flachdächern säumten die Straße.

Nikolas runzelte die Stirn. „Seid ihr euch sicher, dass sich unser Navi nicht irrt? Das sieht hier nach einem Industriegebiet aus!“

„Doch, das sieht sehr gut aus“, meinte Mama.

Wenig später fuhr Papa auf einen Parkplatz, der zu einem Gebäude mit der Aufschrift „*Windstärke 10*“ gehörte. Erst, als sie ausgestiegen waren, konnte Nikolas entziffern, was etwas kleiner darunter stand: „*Wrack & Fischereimuseum Cuxhaven*“. „Gibt es hier ein echtes Wrack zu sehen?“ Nikolas’ Augen glänzten.

„Was glaubst du wohl, warum wir hier sind?“, fragte Papa.

Lilly hielt sich demonstrativ die Nase zu. „Hier stinkt es voll nach Fisch!"
„Das ist auch kein Wunder", erklärte Mama. „In Cuxhaven wird immer noch sehr viel Fisch verarbeitet."
„Und das Museum befindet sich in zwei ehemaligen Fischhallen, die durch eine weitere Halle miteinander verbunden sind", fügte Papa hinzu.
„Hoffentlich müffelt es da nicht mehr!", erwiderte Lilly.
Als sie die Ausstellung betraten, staunten die Kinder, wie riesig das Museum war. Es bestand aus zwei Fischhallen aus Klinkersteinen, die parallel zueinanderstanden. Als das Museum noch eine Fabrik gewesen war, hatte es zwischen den beiden Hallen Gleise gegeben. Hier konnten die Fische sofort in Waggons verladen und schnell in die Fabriken transportiert werden, wo sie verarbeitet wurden. Von den Schienen war nun jedoch nichts mehr zu sehen. Stattdessen war die Gleisanlage überdacht und bildete eine Ausstellungsfläche. Die ehemaligen Fischhallen bestanden aus mehreren Räumen. Jeder Raum war einem Ausstellungsthema gewidmet.
Nikolas hüpfte gleich zum ersten Exponat, dem hölzernen Wrack des Fischewers „Wilhelmine". Bei dem Ewer handelte es sich um einen kleinen Frachtsegler mit Flachboden. „Hoffentlich gibt es hier noch ein größeres Wrack", sagte er.
„Ganz sicher", beruhigte Papa ihn. „Aber vorher erfahren wir hier etwas über die Hochseefischerei."
In dem ersten Raum befand sich eine kleine Netzmacherei, in der Fischernetze hergestellt und geflickt wurden. Von dort aus ging es in das Heuerbüro und dann direkt auf den Fischdampfer „Otto Flohr". Als sie die Mannschaftslogis, in der die Mannschaft schlief, betraten, machte Lilly einen Schritt rückwärts. „Da liegt ein Mann in der Koje!" Im selben Moment merkte sie, dass es sich um eine lebensechte Puppe handelte, und musste lachen.
„Hier ist noch mal etwas für deine Nase!", rief Nikolas seiner Schwester zu und zeigte auf eine Klappe mit der Aufschrift: „Und so roch es in den Mannschaftslogis ..."

Bevor Lilly die Klappe langsam anhob, hielt sie sich vorsichtshalber die Nase zu. Die Auflösung brachte sie dann zum Kichern.
Ganz begeistert waren die Kinder von der Funkbude, in der sie Nachrichten entschlüsseln und ein Morsegerät ausprobieren konnten. Auch über die harte Arbeit auf einem Fischdampfer erfuhren die Geschwister eine Menge. Beim Anblick einer Puppe, die diesmal einen Arbeiter darstellte, der Fische ausnahm und eine blutige Regenjacke trug, schüttelte es Lilly.
Und dann standen sie endlich vor dem Wrackraum. Nikolas konnte es kaum noch abwarten und trippelte von einem Fuß auf den anderen. Seitdem er im Urlaub auf Baltrum einen Vortrag über Wracktaucher in der Nordsee gehört hatte, interessierte er sich brennend für das Thema.
Gleich am Eingang konnten er und seine Schwester einmal ausprobieren, wie sich ein Taucher so gefühlt haben musste. An der Wand hingen zwei uralte Tauchhelme, durch die sie von unten ihren Kopf hineinstecken konnten. „Und dann trugen die auch noch 100 Kilogramm Gewicht!“, staunte Lilly. „So viel, wie Papa wiegt!“

„Hey!“, antwortete Papa. „Ich wiege doch keine 100 Kilo!“ Schnell machte er ein paar Fotos von seinen Kindern.
Nikolas wusste schon, dass die Nordsee ein einziger großer Schiffsfriedhof ist. Wie viele Wracks auf dem Meeresgrund liegen, wusste niemand. Nebel, Sturm und Kollisionen haben immer wieder dazu geführt, dass Schiffe versunken sind. Kriege taten ihr Übriges.
Im ersten Raum zierten 437 Namen die Wand, darunter viele Frauen und Kinder. Diese Menschen hatten sich auf dem Auswandererschiff „Cimbria“ auf den Weg von Hamburg nach New York gemacht. Bei dichtem Nebel kollidierte ein Kohlendampfer mit der „Cimbria“. Nur wenige Menschen überlebten. Bei dem Gedanken an die vielen Kinder, die hier ihr Leben verloren, musste Lilly schlucken.
Als sie weitergingen, tauchte plötzlich aus dem Dunkeln eine gigantische Schiffsschraube auf, die angestrahlt wurde. Sie stammte von der „Cimbria“.
Nikolas war schon ein paar Schritte vorausgegangen und stand in einem Raum mit einer 360-Grad-Projektion. In der Mitte des Raumes gab es eine Hörstation. Während auf der Leinwand die Wetterbedingungen und die peitschende Nordsee nachgestellt wurden, erzählte hier der einzige Überlebende der „Cöln“, wie er im Ersten Weltkrieg den Untergang des kleinen Kreuzers erlebt hat.
Nikolas war ganz froh, als Lilly sich an seinen Arm klammerte. Schon bei der Vorstellung, wie verzweifelt die Menschen an Bord gewesen sein mussten, durchfuhr ihn ein Schauer.
Schließlich konnten sie noch den Turm eines gesunkenen U-Bootes bestaunen. Lilly und Mama fanden allerdings die Vitrinen mit den Schätzen, die Wracktaucher gefunden haben, viel spannender.

Als sie wieder auf dem Parkplatz standen, war plötzlich schönstes Sommerwetter. Leider hatte niemand daran gedacht, die Badesachen einzupacken. Trotzdem beschlossen sie spontan, sich die *Kugelbake*, das Wahrzeichen

von Cuxhaven, anzusehen. „Bake war im Mittelalter die Bezeichnung für Seezeichen“, erklärte Papa. „Diese hier ist 29 Meter hoch und war ein wichtiger Punkt für die Seefahrt, denn sie zeigte an, wo die Elbe endet und die Nordsee anfängt.“

Fünfzehn Minuten später hatten sie ihr Ziel erreicht. Mama nahm die Decke mit, die immer im Kofferraum lag. Auf dem Weg zur *Kugelbake* kauften sie Fischbrötchen zum Mitnehmen. Als sie angekommen waren, breiteten sie ihre Decke aus und genossen ihre Brötchen. Sie beobachteten drei Kite-Surfer, die über die Wellen sausten. In der Ferne fuhren zwei riesige Containerschiffe.

Ein Stückchen entfernt ließ sich ein junges Pärchen nieder. Beide hatten einen Pizzakarton in der Hand.

„Ich möchte ja wirklich mal wissen, wer die Kartons bei Frau Öltjen in die Mülltonne geworfen hat!“ Beim Anblick der Pizzakartons war es Lilly wieder eingefallen.

„Gab es ein Problem?“, wollte Papa wissen. Da erzählten Lilly und Nikolas ihm abwechselnd von dem merkwürdigen Geschehen.

„Ich glaube, ihr macht euch zu viele Gedanken“, schaltete sich Mama ein. „Vielleicht waren das einfach irgendwelche Urlauber, die unterwegs Pizza gegessen haben und dann nicht wussten, wohin mit den Pappen. Dann haben sie die dort entsorgt.“

„Gut möglich“, meinte Nikolas.

Lilly kaute auf ihrer Unterlippe herum. „Ja, das wäre möglich“, stimmte sie zu. „Aber das erklärt nicht die Krümel auf dem Wohnzimmertisch und das dreckige Messer.“

„Meine kleine Schwester, die Superdetektivin!“, rief Nikolas und reckte in Lillys Richtung den Daumen hoch.

NOCH MEHR MÜLL

Familie Sonnenschein war kaum im Ferienhaus angekommen, als Jesco schon an der Tür klingelte. „Kommt ihr mit zu Minka?“

Wenige Minuten später radelten die drei Kinder in Richtung Strand und von da aus am Deich entlang zum Häuschen. „Ich will unbedingt im Müll nachsehen, ob da wirklich diese Kartons drin liegen“, erklärte Jesco unterwegs.

Beim Haus von Frau Öltjen angekommen, stellten sie als Erstes fest, dass das Gartentor wieder nicht verschlossen war. „Wer macht das ständig?“ Jescos Stimme klang verärgert.

Bevor sie nach dem Müll sehen konnten, forderte Minka ihr Recht ein. Wie immer umgarnte sie so lange die Beine der Kinder, bis ihr Futternapf gefüllt war. Die Kinder schauten ihr beim Fressen zu, und Nikolas erzählte dabei von der „Cimbria“ und der „Cöln“. „Das war echt spannend“, schloss er seine Erzählung ab.

Nachdem sie eine Weile mit der Katze gespielt hatten, fiel Jesco wieder ein, dass er ja nach dem Müll sehen wollte. Gemeinsam gingen sie hinter das Haus, wo die verschiedenen Tonnen aufgereiht standen. Jesco hob den Deckel der schwarzen Tonne für den Restmüll an und schaute hinein. Er pfiff durch die Zähne. „Sieh mal einer an!“ Dann streckte er seinen Arm in die Tonne und zog eine Papiertüte heraus. Er warf einen Blick hinein. „Ich fasse es nicht! Meine Schwester hat Fastfood bei der goldenen Möwe gekauft.“

„Goldene Möwe? Ist das ein Restaurant hier in Tossens?“, hakte Lilly nach.

Jesco lachte. „Nee, so haben meine Eltern immer die Fastfoodkette mit dem gelben M genannt, wenn wir nicht mitkriegen sollten, wovon sie redeten. Das M sieht doch aus wie eine Möwe!“

Jesco studierte ausgiebig das Papier in der Tüte. „Noch dazu einen Cheeseburger!"

„Was ist denn daran so schlimm?" Nikolas zuckte mit den Schultern.

„Erstens", zählte Jesco auf, „darf meine Schwester den Käse wegen ihrer Histamin-Intoleranz auf gar keinen Fall essen. Dann kriegt sie wieder Durchfall und Bauchschmerzen. Manchmal sogar überall rote Quaddeln am Körper."

„Die Arme!", unterbrach ihn Lilly.

„Und zweitens", fuhr Jesco fort, „ist es ja wohl eine Frechheit, mir vorzuwerfen, dass ich heimlich Pizza bestelle, aber selber dann dieses Zeug holen!"

„Vielleicht war das ja gar nicht deine Schwester", warf Nikolas ein.

„Genau! Vielleicht war sie mit ihrem Freund hier, und der hat den Cheeseburger gegessen!", stimmte Lilly zu.

Jesco schüttelte heftig seinen Kopf. „Die hat keinen Freund. Wer will sich denn mit so einer Zimtzicke einlassen!"

„Vielleicht war das doch nicht deine Schwester. Seht mal!" Nikolas beugte sich über eine ausgetrocknete Pfütze, in der sich Schlamm gesammelt hatte. Im Schlamm konnte man den Abdruck eines sehr großen Schuhs erkennen. „Oder hat Janna Riesenfüße?"

„Nee", sagte Jesco und betrachtete ausgiebig den Abdruck. „Entweder war sie doch in Begleitung hier, oder es war wer ganz anderes." Dann holte er sein Smartphone hervor und machte ein Foto. „Als Beweismittel!", sagte er zu den Geschwistern.

„Lilly?", sagte Nikolas, als die Geschwister abends in ihren Betten lagen.

„Ja?"

„Ich bin froh, dass ich so eine nette Schwester habe!"

„Ich bin auch sehr froh, dich als Bruder zu haben!", sagte Lilly. „Das wäre echt ätzend, wenn wir uns immer nur streiten würden."

ZICKENALARM!

Nikolas warf einen Blick aus dem Fenster und seufzte. „Lasst mich raten, heute ist wieder ein Museumsausflug angesagt."
„Langsam geht mir das Wetter auch auf den Keks", sagte Papa.
Lilly zwirbelte ihren Pferdeschwanz um den Zeigefinger. „Ich würde gerne einfach mal nur chillen. Hier im Ferienhaus Zeit verbringen und lesen."
„Und Jesco treffen", fügte ihr Bruder hinzu.
„Was haltet ihr denn davon, wenn wir Jesco auf unseren Ausflug mitnehmen?" Mama blickte in die Runde.
Ein Strahlen ging über Nikolas' Gesicht. „Oh, ja!"
„Oder machen die am Sonntag etwas gemeinsam als Familie?", wollte Mama wissen.
Nikolas schüttelte mit dem Kopf. „Seine Eltern arbeiten beide in einem Restaurant und jetzt in der Hauptsaison jeden Tag."
„Und ich glaube, dass Jesco froh ist, wenn er den Tag nicht mit seiner Schwester verbringen muss", fügte Lilly hinzu. „Die ist echt nervig! Die beiden streiten nur."
„Was für einen Ausflug habt ihr denn geplant?" Nikolas schielte auf das Display vom Handy seiner Mutter, das in dem Moment schwarz wurde.
„Du wolltest doch so gerne noch einmal in das *Aquarium* in Wilhelmshaven", sagte Mama an Lilly gewandt.
„Oh, ja!" Lillys Augen blitzten.
„Ich kann mir vorstellen, dass Jesco da schon häufig war", wandte Papa ein. „Bis nach Wilhelmshaven ist es von hier ja nur einen Katzensprung."
„Dort gibt es jetzt aber eine ganz neue Ausstellung", berichtete Mama.

„*Saurier – Giganten der Meere*. Vielleicht hat er die noch nicht gesehen. Wir auf jeden Fall nicht, als wir damals von Ostfriesland aus hingefahren sind."

„Saurier klingt auf jeden Fall schon mal große Klasse!" Nikolas sprang auf. „Darf ich Jesco anrufen und fragen, ob er Lust hat?"

Mama nickte. „Klar."

Sofort flitzte Nikolas los und holte sein Handy. Er hielt es sich noch ans Ohr, als er wieder ins Wohnzimmer kam. Dann gab er ein undefinierbares Brummen von sich.

„Was ist?", fragte Lilly.

„Jesco hat schon wieder sein Handy ausgeschaltet. Da kommt nur diese nervige Ansage vom Band."

„Dann fragen wir ihn einfach gleich selbst!", schlug Lilly vor.

Kurze Zeit später machten sich die Geschwister auf den Weg. Lilly drückte den Klingelknopf, und es dauerte nur wenige Sekunden, bis Jesco die Tür öffnete. Er war begeistert, als die Geschwister ihm von ihren Plänen erzählten. Die Saurierausstellung kannte Jesco tatsächlich noch nicht.

„Ich muss nur eben meiner Schwester Bescheid sagen", antwortete Jesco.

Lilly und Nikolas folgten ihm ins Wohnzimmer, wo Janna auf dem Sofa lag und große Kopfhörer trug. Jesco tippte ihr auf die Schulter. Mürrisch sah sie ihren Bruder an und hob den Kopfhörer auf der einen Seite etwas an. „Was ist?"

„Ich fahre mit Familie Sonnenschein ins *Aquarium* nach Wilhelmshaven."

„Nichts da!" Nun saß Janna senkrecht auf dem Sofa und riss den Kopfhörer ganz herunter. „Du mähst Rasen!"

Jesco zeigte ihr einen Vogel! „Ich habe genau gehört, wie Papa heute Morgen gesagt hat, dass du Rasenmähen sollst!"

„Papa hat gesagt, ich soll dafür sorgen, dass heute Abend der Rasen gemäht ist", entgegnete seine Schwester und grinste fies. „Und ich sorge jetzt dafür, dass du ihn mähst."

Jesco stemmte beide Hände in die Hüften. „Wenn du mich nicht gehen lässt, sage ich Papa, was du im Haus von Frau Öltjen treibst!"
„Hä?" Jannas Gesicht war ein einziges Fragezeichen.
„Nicht nur du guckst in die Mülltonne. Wir haben da gestern Reste von der goldenen Möwe gefunden. Du hast Cheeseburger gegessen, obwohl du genau weißt, dass du das nicht sollst!" Jesco hatte sich jetzt richtig in Rage geredet.
„Ich habe keinen Cheeseburger gegessen!" Wutentbrannt sah Janna ihren Bruder an. „Oder krümme ich mich etwa vor Bauchschmerzen?"
„Aha!", erwiderte Nikolas. „Dann warst du also nicht alleine bei Frau Öltjen!"
„Du hast sie doch nicht mehr alle! Natürlich war ich wie immer alleine dort!"
Jesco zuckte mit den Schultern, drehte sich um und sagte beim Verlassen des Wohnzimmers: „Ich glaube dir kein Wort!"

VON URZEITTIEREN UND ALTEN HANDWERKSKÜNSTEN

„Sitzen eure Tauchanzüge? Luftzufuhr klappt?“ Grinsend blickte Papa in die Runde.

„Papa liebt solch einen Quatsch“, flüsterte Lilly Jesco zu.

„Die Überprüfung der Tauchinstrumente ist kein Quatsch, Lilly!“ Papa drohte lächelnd mit dem Zeigefinger. „Davon kann dein Leben abhängen. Also, alle bereit?“ Alle reckten ihre Daumen hoch. „Dann ab ins Tauchvergnügen!“

„Wow!“, entfuhr es Nikolas, als sie den ersten Ausstellungsraum im *Aquarium* betraten. Sein Blick fiel auf einen riesigen Meeressaurier, einen Liopleurodons, der durch den Ausstellungsraum zu schwimmen schien. Seine spitzen weißen Zähne blitzten. Jesco steckte seinen Kopf in das Maul des Urzeittieres, und Nikolas machte ein Foto.

Lilly hatte den Kopf in den Nacken gelegt. Sie betrachtete das riesige Exemplar eines Spinosaurus, der wild fauchend auf seinen beiden

Hinterläufen stand. Auf dem Rücken hatte er einen großen Kamm, und sein beachtlicher Schwanz schlängelte sich auf dem Boden. „Der erinnert mich an den Drachen in unserem Sagenbuch“, sagte Lilly zu ihrem Bruder.
„Du meinst Siegfrieds Kampf mit dem Drachen?“
Lilly nickte. „Wenn ich mir den so ansehe, bin ich doch froh, dass die ausgestorben sind.“
„Habt ihr schon den Abguss des weltweit größten gefundenen Ammoniten gesehen?“, fragte Jesco. „Euer Vater steht gerade daneben.“ Er wies mit dem Kopf in Richtung des Ausstellungsstücks. „Ich habe gedacht, dass das eine Vergrößerung ist, aber der war wirklich so groß. Und man hat ihn im Münsterland gefunden.“
„Da waren wir schon mal“, stellte Lilly fest. „Da gibt es nicht nur coole Fossilien, sondern auch die letzten Wildpferde in Deutschland.“
Die Kinder entdeckten immer neue Sachen. Es gab kleine Filmchen, in denen erklärt wurde, wie die Saurier schwimmen lernten. Lilly beschäftigte sich lange mit einem Röntgengerät, mit dem sie das Skelett eines Sauriers genauer unter die Lupe nehmen konnte.
Sehr viel Zeit verbrachten die Kinder vor dem Paläoaquarium, einer sechs Meter breiten Leinwand, auf der 3D-animierte Meeressaurier das Leben im Meer vor unserer Zeit darstellten.
„Habt ihr hier alles gesehen?“ Mama setzte sich zu den Kindern auf die Bank vor der Leinwand. „Können wir weitergehen?“
„Nur wenn es unbedingt sein muss“, nuschelte Lilly und starrte gebannt auf die Leinwand. „Ich könnte mir das stundenlang angucken.“ Dann riss sie sich aber doch los und folgte den anderen ein Stockwerk höher.
Auch in den nächsten beiden Stunden langweilte sich niemand. Jesco war erstaunlicherweise noch nie hier gewesen, sondern immer nur im *Zoo am Meer* in Bremerhaven, den er sehr mochte.
Im *Urzeitmeer-Museum* gab es unzählige, sehr gut erhaltene Fossilien zu bestaunen, im *Aquarium* warteten die Seehunde Paul, Piet und Ole und

tanzende Seepferdchen. Pfeilschnell schwimmende Pinguine konnte man von unten beobachten, und Quallen schwebten magisch in einem Aquarium, das immer wieder seine Farbe änderte. In der Tropen-Halle rätselten sie, ob das Faultier, das sich nicht einen Millimeter bewegte, echt war. „Was so müffelt, muss echt sein“, stellte Mama trocken fest.

Nachdem sie sich die Fütterung der Pinguine angesehen hatten, knurrten auch ihre Mägen, und so machten sich Familie Sonnenschein und Jesco auf den Weg ins Panorama SB-Restaurant. Von dort hatte man einen tollen Blick über die Nordsee.

„Wäre ich jetzt ein Pinguin, würde ich meine Bratwurst mit einem Happs verschlingen“, stellte Jesco vergnügt fest.

„Dabei aber das Kauen vergessen!“, merkte Lilly an.

Während die Kinder herumalberten, studierte Mama ihr Smartphone. „Na, was brütest du aus?“, fragte Papa, der seine Frau allzu gut kannte.

„Ich würde mir gerne das *Handwerksmuseum* in Ovelgönne ansehen. Das hat nur sonntags geöffnet, sodass das heute unsere letzte Möglichkeit ist.“

„Das können wir doch machen“, antwortete Papa. „Oder was meint ihr?“

Die Kinder nickten eifrig.

Das *Handwerksmuseum* war in einem barocken Bürgerhaus von 1773 untergebracht. Gleich im ersten Raum, beim Frisör, lachten sich die Kinder kringelig über die alten Trockenhauben. „Und das Ding erinnert mich an den Kraken im Aquarium vorhin", sagte Jesco und zeigte auf einen Ständer, der oben ganz viele dicke Metallstäbe hatte, die wie Tentakel aussahen.

„Ups!", sagte Mama, die sich das dazugehörige Schild durchlas. „Das ist ein Dauerwellenbrenner. Wenn die Dauerwellen damit eingebrannt wurden, verbrannte die Kopfhaut ganz schnell unter den heißen Röhren. Der Friseur stand daneben und wedelte mit dem Handtuch kalte Luft zu."

„Im Mittelalter haben Friseure auch Zähne gezogen und Wunden geheilt", las Nikolas von einem Plakat vor.

Im nächsten Raum erkannten sie auf den ersten Blick die Gerätschaften eines Torfstechers. Die hatten sie in ihrem Urlaub im Oldenburger Land schon kennengelernt, als sie bei einer Moorführung selber Torf stechen durften.

Aber auch sonst gab es viel zu bestaunen: das Werkzeug, das man zum Reetdachdecken brauchte, eine Schusterkugel, die dem Schuster genug Licht zum Arbeiten bescherte, die Nähmaschine eines Sattlers, einen Feuereimer aus Leder und noch vieles mehr.

Im Obergeschoss bestaunten sie alte Schreibmaschinen und ein Spinnrad. Papa fand den historischen Fotoapparat besonders spannend. Als Fotograf hatte er selbst eine kleine Sammlung von alten Exemplaren zu Hause. Lilly übte mit Stoffschläuchen das Formen eines Hefezopfes, und Mama war von dem riesigen Webstuhl begeistert. Hutmacher, Schneider, Blaudrucker und Schlachter durften auch nicht fehlen. „Guck mal, in solch einem Butterfass haben wir damals im Museumsdorf Cloppenburg selber Butter gemacht", sagte Nikolas zu Jesco.

In der Apotheke gab es verschiedene Hörstationen in den Schränken. So erfuhren sie etwas über Giftweizen und warum Morphium in einer dreieckigen Flasche aufbewahrt wurde. Sehr viel zu bestaunen gab es im Kolonialwarenladen. Zum Schluss warfen sie noch einen Blick auf die Ausstattung eines Zahnarztes. „Ich weiß nicht, wovor ich mehr Angst hätte: vor den Urzeitsauriern oder vor diesem Zahnarzt", sagte Papa erschaudernd.

Als sie wieder am Auto standen, hielt Mama ein Faltblatt in der Hand. „Guckt mal, hier in der Nähe gibt es auch noch ein *Historisches Kaufhaus*."

„Das muss warten", entgegnete Papa. „Für heute war das genug Museum."

WATTWANDERUNG, FUẞBALLBILLARD UND EINE KRISENSITZUNG

Als die Geschwister am nächsten Morgen langsam wach wurden, sah Nikolas es als Erster: Sonnenstrahlen suchten sich durch die Gardinen hindurch ihren Weg ins Zimmer und malten Lichtkringel auf Fußboden, Wände und Bettdecken. Sofort sprang Nikolas aus dem Bett und zog seiner Schwester die Bettdecke weg. „Schnell! Steh auf, Lilly! Die Sonne scheint! Strandwetter!"
„Strand?", murmelte Lilly. Sie setzte sich auf und rieb sich verschlafen die Augen. Nikolas hatte sich schon fast fertig angezogen.
Als die Geschwister am Frühstückstisch erschienen, wunderten sie sich, dass Papa nirgends zu sehen war. „Der ist noch einmal zum Supermarkt", erklärte Mama, die ein Brötchen nach dem anderen schmierte. „Er besorgt ein paar Sachen für ein Picknick. Ich habe für heute Morgen eine Wattwanderung in Eckwarderhörne gebucht. Von dort wollen wir dann weiter zur *Nordsee-Lagune* fahren."
Lilly und Nikolas jubelten. Als Papa zurück war, halfen sie bei den Picknickvorbereitungen. Lilly schnitt eine Gurke und Möhren klein, und Nikolas machte Tomaten-Mozzarella-Spießchen.

Die Fahrt nach Eckwarderhörne dauerte nur zehn Minuten. Die ganze Familie trug Aquaschuhe, Lilly und Nikolas hatten Eimer und Kescher dabei. Der Treffpunkt lag in der Nähe des Leuchtturms. Der Wattführer Matthias Schulz war ein großer blonder Mann mit Brille, der sie freundlich begrüßte. „Nennt mich Matthias – Herr Schulz macht mich nur alt", sagte er.

Als die anderen Gäste eingetrudelt waren, folgten sie Matthias ins Watt.
„Tun wir den Wattwürmern und den anderen Tieren nicht weh, wenn wir mit unseren Gummistiefeln durchs Watt laufen?“, wollte Lilly wissen.
„Keine Sorge“, meinte Matthias, „wir treten sie zwar in den Boden hinein, aber das macht den Tieren nichts aus. Sie graben sich einfach wieder aus.“
„Warum darf man eigentlich nicht allein ins Watt gehen, sondern nur mit einem Führer?“, wollte nun ein älterer Junge wissen.
Mit dem Stiel seines Spatens zeichnete Matthias einige Linien in den Boden. Dann erklärte er: „Das Watt ist von Rinnen durchzogen, den sogenannten Prielen. Weil sie tiefer liegen als der restliche Wattboden, laufen sie, wenn die Flut kommt, als Erstes voll. Man denkt, das Wasser wäre noch ganz weit weg und plötzlich steht man inmitten der vollgelaufenen Priele und kommt

nicht mehr zurück. Ebenso gefährlich ist plötzlich aufziehender Nebel. Da weiß man ganz schnell nicht mehr, in welcher Richtung das Ufer liegt. Glücklicherweise ist schon lange niemand mehr ertrunken."

Inzwischen waren sie etwa 200 Meter ins Wattenmeer hineingelaufen und kamen an einen großen Stein. Matthias holte zwei leere Gläser aus dem Rucksack, füllte sie mit dem Wasser aus einem Priel und setzte in eines der Gläser einige Miesmuscheln.

„Was meint ihr, was die Muscheln mit dem Wasser tun?", fragte Matthias. „Ich mache euch vier Vorschläge: Erstens: Die Muscheln filtern das Wasser. Zweitens: die Muscheln springen von einem Glas ins andere. Drittens: die Muscheln verwandeln das Wasser in das, was vorher drin war, also – lasst mich mal schauen – Honig, oder 4. die Muscheln machen Ebbe und Flut, indem sie das Wasser austrinken und vier Stunden später wieder auspullern. Wenn wir wiederkommen, müsste das Glas also leerer sein."

Die Kinder kicherten. „So eine Honig-Zaubermuschel hätte ich auch gern!", sagte Nikolas lachend. „Aber leider filtern die Muscheln das Wasser nur."
„Bist du dir sicher?", fragte Matthias.
Nikolas nickte.
„Dann hast du doch sicher nichts gegen eine kleine Wette einzuwenden? Ich sage, die Muscheln springen von einem Glas ins andere. Wenn du recht hast, trinke ich einen Schluck aus dem Muschelglas, wenn ich recht habe, musst du das Nordseewasser trinken."
Nikolas zögerte kurz. Das wäre ganz schön ekelig, aber er war sich ziemlich sicher, dass er recht hatte. Also reichte er Matthias die Hand und sagte: „Die Wette gilt."
Die anderen Wattwanderer applaudierten. Dann ließen sie die Gläser auf dem Stein stehen und gingen weiter.
Fasziniert beobachteten Lilly und Nikolas den Wattboden, sammelten Austern und Muscheln. „Seht ihr die kleinen Sandhäufchen hier überall?", fragte Matthias.
Die Kinder nickten. „Unter jedem Sandhaufen wohnt ein Wattwurm. Sein Haus sieht aus wie ein U. Auf der einen Seite ist der Ansaugtrichter, sozusagen die Küche. Am unteren Ende des U befindet sich das Wohnzimmer, am anderen Ende die Toilette. Alle 45 Minuten ist die Toilette voll und es wird gespült. Das ist der Sandhaufen."
Nun nahm Matthias seinen Spaten und grub einen Wattwurm aus, um ihn den Kindern und Erwachsenen zu zeigen. Da entdeckte Nikolas plötzlich einen Krebs und rief nach Matthias, „Zeig mal her!", sagte der Wattführer und nahm den Krebs vorsichtig in die Hand.

„Seht mal, der Panzer auf der Unterseite ähnelt einem spitz zulaufenden Dreieck. Dieser Krebs ist ein Junge. Wäre der Panzer unten breit und rund, wäre es ein Mädchen."

Nun hatten sie einige Muschelbänke erreicht. Matthias bat die Kinder, mit ihren Keschern loszuziehen und die gefundenen Tiere vorsichtig in einem Eimer zu setzen. Lilly und Nikolas fingen Baby-Dorsche und -Schollen, die gerade mal einen Zentimeter groß waren, Nordseegarnelen und Strandkrabben. Als Matthias berichtete, dass das Wasser an dieser Stelle bei Hochwasser drei Meter tief war, staunten die Wattwanderer nicht schlecht.

Dann machten sie sich auf den Rückweg. Als sie an dem Stein ankamen, auf dem die Gläser standen, stellte Nikolas erleichtert fest, dass das Wasser in dem Glas mit den Muscheln tatsächlich sauberer und klarer aussah als das in dem anderen Glas. „Tja, da hast du wohl recht gehabt", sagte Matthias und trank zum Erstaunen der Gäste tatsächlich einen großen Schluck des von den Muscheln gefilterten Nordseewassers. Alle klatschten – am lautesten Nikolas, der heilfroh war, dass er das Wasser nicht trinken musste.

Der Nachmittag in der *Nordsee-Lagune* war sehr kurzweilig. Wie schon bei ihrem ersten Besuch hatten Mama und Papa einen Strandkorb gemietet. Lilly und Nikolas tobten im Wasser herum, spielten Fußball und Basketball, fuhren mit der Wasserseilbahn, schwammen bis zur Pirateninsel und hatten Spaß mit einem riesigen Wasserball. Zusammen mit den Eltern fuhren sie Tretboot.
„Was haltet ihr davon, wenn wir uns ein wenig sportlich betätigen?", fragte Papa in die Runde.
Lilly schnappte nach Luft. „Also, das Tretbootfahren eben war ganz schön sportlich und das Schwimmen und Basketballspielen vorher auch!"
„Lustiger Sport", warf Papa ein.
„Lass hören!", forderte Mama ihn auf.
„Ganz in der Nähe kann man Fußballbillard spielen."
„Oh, ja! Tolle Idee!" Nikolas war Feuer und Flamme.
Wenig später machte sich Familie Sonnenschein auf den Weg.
Die *Adventure-Golf-Anlage*, wo das Fußballbillard angeboten wurde, war nur wenige Meter von der *Nordsee-Lagune* entfernt. So brachten sie ihre Sachen zum Auto und gingen dann zu Fuß. Das Fußballbillard wurde auf einer abgegrenzten Fläche gespielt, die mit knallgrünem Kunstrasen ausgelegt war. Wie beim echten Billard wurde mit halben und ganzen Bällen gespielt. Die Bälle waren richtige Fußbälle, die wie Billardkugeln lackiert waren. Sie mussten mit dem Körper in die Löcher bugsiert werden, nur die Hände durften nicht benutzt werden. Gewonnen hatte die Mannschaft, die zum Schluss die schwarze Acht im richtigen Loch unterbrachte.
„Jungs gegen Mädchen!", bestimmte Nikolas. Doch dann musste er mit Entsetzen feststellen, dass sich Mama und Lilly wesentlich geschickter anstellten als er und Papa. Dabei stellte Papa sich besonders dumm an, und Mama bekam vom vielen Lachen einen Schluckauf.

Kurz bevor sie wieder ihr Ferienhaus erreichten, bekam Nikolas eine Nachricht von Jesco: „Krisengespräch. Könnt ihr rüberkommen?"

„Dürfen wir kurz zu Jesco?“, fragte Nikolas seine Eltern. „Er will etwas mit uns besprechen.“
„In einer Stunde gibt es Abendbrot“, antwortete Mama. „Bis dahin könnt ihr tun und lassen, was ihr wollt.“
Sofort schrieb Nikolas an Jesco: „Sind in wenigen Minuten da.“ Prompt kam die Antwort: „Treffen auf dem Trampolin!“
Sobald die Geschwister geholfen hatten, die Sachen aus dem Auto zu räumen und ihre Badesachen zum Trocknen auf die Leine zu hängen, liefen sie zum Gartentor. Schon von Weitem konnten sie Jesco und Janna auf dem Trampolin ausmachen.
„Ihr werdet es nicht glauben!“, fing Jesco an.
„Was denn?“ Nikolas kletterte auf das Trampolin und nahm Platz. Lilly folgte ihm.
„Ich war heute bei Minka“, erzählte Janna, die plötzlich bessere Laune hatte. „Und als ich die Katzenfutterdose im Müll entsorgen wollte, habe ich eine Schnapsflasche in der Tonne gefunden.“
Lilly machte große Augen. „Und jetzt verdächtigst du uns, dass wir das Zeug getrunken haben?“
Janna schüttelte den Kopf und grinste schief. „Das traue ich euch nun doch nicht zu.“
„Wir haben mittlerweile beide eingesehen, dass der ganze Müll von jemand anderem stammen muss“, fügte Jesco hinzu.
„Aber von wem?“ Ratlos zuckte Lilly mit den Schultern.
„Das wüssten wir auch gerne“, sagte Janna.
Die Kinder schwiegen und überlegten. „Könnten es Urlauber gewesen sein, die einfach nur ihren Müll entsorgen wollten?“, unterbrach Lilly die Stille.
„Das kann ich mir nicht vorstellen“, entgegnete Janna. „Man kann die Mülltonnen von der Straße aus nicht sehen. Außerdem läuft man ja nicht einfach auf ein fremdes Grundstück und lässt sich womöglich erwischen. Es weiß ja niemand, dass Frau Öltjen nicht da ist.“

„Janna hat Recht“, fügte Jesco hinzu. „Außerdem hängen hier überall Papierkörbe rum. Da kann man viel leichter seinen Müll entsorgen.“
„Hat denn sonst noch jemand einen Schlüssel?“, fragte Nikolas. „Dass jemand Fremdes seinen Müll entsorgt, würde ja auch noch nicht das dreckige Messer und die Krümel auf dem Tisch erklären.“
Jesco nickte bedächtig. Dann sah er seine Schwester an. „Ben weiß auch, wo der Schlüssel hängt.“
„Wer ist Ben?“, hakte Lilly nach.
„Das ist der Enkel von Frau Öltjen. Der studiert in Köln und kommt manchmal zu Besuch und bleibt dann ein paar Tage“, erklärte Janna. „Er könnte es natürlich gewesen sein, obwohl es mich wundert, dass er sich dann nicht bei uns gemeldet hat.“
Jesco überlegte kurz. „Vielleicht weiß er gar nicht, dass wir Minka füttern. Der Besuch muss ja auch sehr spontan gewesen sein, sonst hätte uns Frau Öltjen sicher informiert.“
„Könnt ihr eure Frau Öltjen nicht irgendwie fragen?“ Nikolas kaute auf der Unterlippe.
Jesco schüttelte mit dem Kopf. „Sie hat sich so auf ihre Reise nach Neuseeland gefreut. Da will ich sie nicht unnötig beunruhigen.“
„Das sehe ich auch so“, stimmte seine Schwester zu. „Außer ein bisschen Müll in der Tonne ist ja nichts passiert. Wenn sie dich das nächste Mal anruft, kannst du ja mal ganz unauffällig nachfragen!“

Als Familie Sonnenschein vor ihren dampfenden Spaghetti mit Tomatensoße saß, erzählte Nikolas, dass sich das Problem mit dem Müll aufgeklärt hatte. Wahrscheinlich sei nur der Enkel von Frau Öltjen zu Besuch da gewesen.
„Sehr gut!“, sagte Mama. „Endlich mal ein Urlaub ohne Kriminalfälle oder sonstige Verwicklungen!“

WER WAR ES?

„Können wir heute noch einmal an den Strand fahren? Das Wetter sieht doch gar nicht so schlecht aus!“, bettelte Nikolas.
„Im Moment ist es noch ein wenig frisch“, meinte Mama. „Was haltet ihr davon, wenn wir uns heute Vormittag Fedderwardersiel und das *Nationalpark-Haus* ansehen? Und nach dem Mittagessen gehen wir dann hier in Tossens an den Strand.“
Die Geschwister nickten.
„Das passt auch ganz gut mit der Flut“, fügte Papa hinzu.
Das *Nationalpark-Haus* lag direkt am Hafen. Während Mama die Eintrittskarten kaufte, standen Lilly und Nikolas vor Bullaugen, durch die man schon an der Kasse einen kleinen Blick in das Aquarium werfen konnte.
„Ihr müsst hier um die Ecke gehen, dann könnt ihr euch die Becken richtig ansehen“, erklärte ihnen die Mitarbeiterin. „In einem Wasserbecken verstecken sich sechs Plattfische. Ich bin gespannt, ob ihr alle entdecken könnt!“
Das ließen sich die Geschwister nicht zweimal sagen. „Der hier sieht nicht nach einem Plattfisch aus“, stellte Nikolas fest und zeigte auf einen rötlich schimmernden Fisch, der direkt vor ihnen in der Ecke des Aquariums saß.
„Das ist ein Roter Knurrhahn“, erklärte Lilly, die sich die Schilder durchgelesen hatte, die zu dem Becken gehörten. „Der kann mit den Strahlen seiner Brustflossen laufen und mit Hilfe der Schwimmblase knurren.“
„Deswegen der komische Name“, meinte Nikolas. Er starrte nun gebannt auf den Boden des Beckens. „Ich habe schon zwei Plattfische entdeckt. Hier vorne in der Ecke liegt einer und daneben noch ein zweiter.“

„Hier vorne liegen noch zwei." Lilly war ganz aufgeregt. „Siehst du den mit den gelben Punkten auf dem Rücken?"
„Hier hinten ist auch einer", sagte Papa, der am anderen Ende des Aquariums stand. „Fehlt uns nur noch einer."
Mittlerweile war auch Mama an das Becken herangetreten, und die ganze Familie starrte gebannt auf den Boden des Beckens. Lilly kaute angestrengt auf ihrer Unterlippe herum. Nikolas kicherte. „Voll krass! Der Fisch vor mir hat gerade seine Augen gedreht und guckt mich nun genau an."
Lilly wollte die Suche gerade aufgeben, als direkt vor ihrem Gesicht plötzlich eine kleine Sandwolke aufstieg und Fisch Nummer sechs sichtbar wurde. „So gut möchte ich mich mal im Geschichtsunterricht tarnen können, wenn Herr Matzke wieder so komische Fragen stellt!"
Der Besuch des *Nationalpark-Hauses* war sehr abwechslungsreich. Sie erfuhren etwas über Sturmfluten, die Müllverschmutzung der Nordsee und welche Tiere und Pflanzen im Watt zu Hause waren. Außerdem lernten sie eine Fedderwarder Fischerfamilie kennen. Von einem Abreißblock konnte man sich Rezepte mitnehmen, die die Familie früher gekocht hatte. Mama entschied sich für zwei: ein Fischerfrühstück-Krabbenbrot und Wuddeldick, einen Möhreneintopf.

Sie erfuhren, wie sich die Küste Butjadingens entwickelt hatte. Mit einer Kugelbahn konnten sie ausprobieren, wie die Wellen einer Sturmflut auf einen flachen oder einen steilen Deich aufprallen, und sie hörten sich die Stimmen einiger Salzwiesenvögel an. Der Höhepunkt war jedoch die Robbe, die man streicheln durfte. „Leider ist sie nur ausgestopft“, meinte Lilly.

„Ich würde sagen: Zum Glück ist sie ausgestopft“, entgegnete Nikolas. „Sieh dir nur mal die Krallen an! Ich hätte nicht gedacht, dass die so scharf sind!“

„Aber sie hat so ein samtweiches Fell und so einen goldigen Stummelschwanz!“ Lillys Augen glänzten.

Nach dem Besuch des *Nationalpark-Hauses* schlenderte Familie Sonnenschein am Hafen entlang. Sie sahen sich die kunterbunten Krabbenkutter an, und sie entdeckten eine kleine, alte Lokomotive mit zwei offenen Anhängern, in denen früher das Material für den Deichbau transportiert worden war.

Außerdem erfuhren sie, dass es nicht nur Leuchttürme, sondern auch Leuchttonnen gab, die den Schiffen den Weg in den Hafen wiesen. Kam

ein Schiff von der See, befand sich links von der Fahrrinne, also backbord, eine rote Tonne, und rechts, also steuerbord, eine grüne. Heute wurden die Leuchttonnen mit Sonnenenergie betrieben.
Nach dem Mittagessen fuhr Familie Sonnenschein mit ihren Fahrrädern nach Tossens an den *Friesenstrand* und verbrachte dort den Nachmittag.
Als sie wieder zu Hause waren, kam Jesco, und sie spielten zusammen mit Papa Wikingerschach. Die erste Runde ging an Papa und Lilly. Als Nikolas und Jesco den Ausgleich erzielt hatten, servierte Mama Schnittchen zum Abendbrot.
Während sie auf der Terrasse saßen und aßen, vibrierte plötzlich Jescos Handy. Er zog es aus seiner Gesäßtasche heraus und warf einen Blick auf das Display. Ein Strahlen ging über sein Gesicht. Da er den Lautsprecher des Handys eingeschaltet hatte, konnte Familie Sonnenschein das Gespräch mit anhören.
„Hallo, Frau Öltjen!"
„Hallo, Jesco!", tönte es aus dem Handy. „Wie sieht es aus in Tossens? Alles in Ordnung? Wie geht es meiner Minka?"
„Hier ist alles in Ordnung." Jesco bekam einen knallroten Kopf. „Nur das Wetter ist kaputt. Es regnet fast immer. Und Minka geht es gut."
„Noch zwei Tage, und dann hast du es endlich geschafft, oder?"
Jesco nickte. „Ja, dann gibt es endlich Ferien. Morgen haben wir noch unser Sportfest."
„Wie immer am Tag vor der Zeugnisausgabe", sagte Frau Öltjen. „Rate mal, wer seit vorgestern auch hier in Christchurch ist?"
„Keine Ahnung."
„Mein Enkel Ben. Ist das nicht toll? Er hat jetzt Semesterferien und stand ganz überraschend vor der Tür. Er bleibt noch drei Wochen, dann kommen wir zusammen zurück."
Lilly und Nikolas warfen sich einen Blick zu. Ben war jetzt also auch in Neuseeland. Konnte er trotzdem für den Müll verantwortlich sein?
„Das ist wirklich toll", sagte Jesco jetzt zu Frau Öltjen.

„Ich muss jetzt Schluss machen. Wir wollen frühstücken. Grüß mir meine Minka und deine Schwester!“

„Wird gemacht“, antwortete Jesco. „Und viele Grüße an Ben!“ Er legte auf.

Lilly zog die Nase kraus. „Kann Ben dann trotzdem den Müll in die Tonne geworfen haben?“

„Hm“, sagte Jesco. „Lasst uns mal überlegen. Was hat Frau Öltjen eben gesagt? Seit wann ist er bei ihr?“

„Seit vorgestern.“ Nikolas kaute auf der Unterlippe.

„Und wann ist der Müll aufgetaucht?“ Lilly zwirbelte eine Strähne ihres Pferdeschwanzes um den Zeigefinger.

Jesco überlegte kurz. „Gestern hat meine Schwester die Schnapsflaschen gefunden. Und wir haben am Samstag, also vorvorgestern den Müll von der goldenen Möwe entdeckt.“

„Wie lange dauert ein Flug von hier bis nach Neuseeland“, wollte Nikolas wissen.

„Frau Öltjen ist von Hamburg nach München geflogen und von dort dann nach Neuseeland. Der Flug von München nach Neuseeland hat 23 Stunden gedauert“, erklärte Jesco.

„Das heißt, man braucht fast zwei Tage“, rechnete Nikolas nach.

„Dann kann er weder für die Schnapsflaschen noch für den Burger-Müll verantwortlich sein“, schlussfolgerte Lilly. „Höchstens für die Pizzen.“

„Ich denke, dass Ben überhaupt nicht hier gewesen ist. Erstens kommt das mit der Zeit nicht hin. Zweitens hätte Ben uns dann bestimmt besucht. Das macht er nämlich sonst auch immer. Und drittens hätte mir das Frau Öltjen eben bestimmt erzählt.“ Jesco seufzte. „Ich habe mich nicht getraut, sie zu fragen, weil ich sie nicht beunruhigen wollte.“

„Wer kann es dann gewesen sein?“, fragte Nikolas und trommelte mit den Fingern auf dem Gartentisch.

VON SCHULSCHWÄNZERN UND MÜLLERN

„Heute Vormittag soll es leider nieseln", stellte Papa nach einem Blick auf seine Wetter-App fest.
„Habt ihr für heute schon etwas geplant?", wollte Nikolas wissen.
„Ich dachte, wir könnten heute eine kleine Zeitreise machen und die *Moorseer Mühle* besuchen. Da findet mittwochs die Aktion ‚Vom Korn zum Brot' statt. Dazu habe ich uns angemeldet. Heute Nachmittag soll das Wetter besser sein, dann könnt ihr Zeit mit Jesco verbringen", sagte Mama.
Lilly schüttelte den Kopf. „Daraus wird leider nichts. Wenn ich Jesco gestern richtig verstanden habe, haben die heute ein Sportfest."
Papa blickte auf. „Den ganzen Tag?"
„Auf jeden Fall bis zum späten Nachmittag. Das ist wohl nicht nur so ein Sportfest wie an unserer Schule, sondern sie machen am Nachmittag noch ein Seifenkistenrennen, und es gibt Bratwurst und so", erklärte Nikolas.

Bis nach Abbehausen war es nicht weit. Majestätisch ragte die *Moorseer Mühle* in den Himmel. Auf der gegenüberliegenden Straßenseite lag der Parkplatz, in den Papa einbog. Lilly wollte gerade die Autotür öffnen, als Nikolas sie leicht buffte. „Guck mal, wer da kommt!"
Lilly beugte sich ganz zu ihrem Bruder hinüber, um aus seinem Fenster sehen zu können. Zwei Jungen radelten auf den Parkplatz: ein Lockenkopf mit einem auffälligen BMX-Rad mit grünem Tarnmuster und dahinter ein weiterer Junge auf einem dunkelblauen Rennrad. Er hatte die Kapuze seines Hoodies so tief hinuntergezogen, dass man sein Gesicht nicht erkennen konnte. „Wenn mich nicht alles täuscht, dann ist der mit dem Tarnmuster-Rad Rokko", meinte Nikolas.

Lilly nickte. „Aber wer ist der andere? Und was machen die hier?"
Mama drehte sich zu den Kindern um. „Und wer ist Rokko?"
„Ein Klassenkamerad von Jesco", antwortete Nikolas. „Ich dachte, die haben heute ihr Sportfest."
„Vielleicht müssen sie später in der Schule sein", überlegte Mama. „Hier ist ja eine Bushaltestelle. Die steigen bestimmt in den Schulbus ein."
Die beiden Jungen stellten ihre Räder bei den Fahrradständern ab und sicherten sie. Der Junge mit der Kapuze blickte sich einmal um, dann nahm er Rokko den Rucksack ab und versteckte ihn zusammen mit seinem eigenen in der Hecke gleich neben dem Wartehäuschen.
„Was machen die da?", flüsterte Lilly.
Als der Junge zurückkam, gab er Rokko eine riesige Einkaufstasche. Dann setzte er die Kapuze ab.
„Das ist Marcel", stellte Lilly fest. „Warum hat er die Rucksäcke versteckt? Und was wollen die mit der XXL-Tasche?"
Nikolas zuckte mit den Schultern. „Alles ganz komisch!"
„Da kommt ja schon der Bus!", sagte Mama.
Wenige Sekunden später hielt ein rot-weißer Bus direkt vor den Jungen. In der Anzeige des Fahrzeugs stand „400 StrandLäufer". Marcel und Rokko stiegen ein, die Türen schlossen sich zischend, und der Bus fuhr davon.
Als Familie Sonnenschein hinüber zum Mühlengelände ging, schielte Nikolas zur Hecke. Die beiden Rucksäcke waren nicht zu sehen.
In der Schaubäckerei warteten bereits drei andere Familien. Hier war es mollig warm, und ein unwiderstehlicher Brotgeruch hing in der Luft. Als schließlich die letzten Besucher kamen, die sich angemeldet hatten, ging es los. Nun lernten sie allerhand über das Getreide, das in der Mühle zu Mehl gemahlen wurde.
„Aus Weizen werden Nudeln, Brötchen und Toast gemacht", erklärte die Museumsmitarbeiterin. „Aus Roggen dunkle Brote und aus Hafer Haferflocken und Kekse."

Lilly und Nikolas erfuhren, wie anstrengend es früher war, das Getreide ohne Maschinen zu ernten. Die ganze Familie musste mithelfen, auch die Kinder. In dem Raum standen verschiedene Modelle, die sie alle ausprobieren durften. Nikolas war fasziniert von der Dreschmaschine, die mit einer Dampfmaschine angetrieben wurde.

Die Kinder durften mit einer kleinen Handmühle Weizenkörner zermahlen und mit der Haferquetsche Haferkörner zu Haferflocken verarbeiten. Lilly füllte ihre Haferflocken in eine Tüte, um damit später Vögel zu füttern.

Die Museumsmitarbeiterin erzählte ihnen, dass die Windmühle ein Saisongeschäft war. Nur im Herbst und Winter gab es Körner, die zu Mehl gemahlen werden mussten. Aber auch in der übrigen Zeit wollte man Geld verdienen. So gehörten zur *Moorseer Mühle* eine Bäckerei, ein Fuhrunternehmen, und ein paar Schweine wurden auch gemästet.

„Der Großvater des Mühlenbesitzers war gut mit der Mühlenmaus befreundet", erzählte die Museumsmitarbeiterin. „Er hat ihr immer ein paar Körner hingelegt, deswegen backen wir heute Mühlenmäuse."

Blitzschnell kneteten zwei Museumsmitarbeiterinnen den Teig und zeigten den Gästen dann, wie man daraus kleine Mäuse mit Rosinen als Augen formte. Die Kinder waren voller Begeisterung dabei. In der nächsten Viertelstunde entstand ein halber Tierpark: Igel mit Mandelstiften, Schlangen, Schnecken, Fische und einiges mehr. Jedes Kind legte einen Zettel neben seine Tiere, damit auch jeder seine Kunstwerke mit nach Hause bekam.

Während die Brötchen-Tiere in den heißen Ofen wanderten, erkundete Familie Sonnenschein die Windmühle. Hier erfuhren sie, dass die Stockwerke einer Mühle „Böden“ genannt werden, wovon die *Moorseer Mühle* sechs hatte. Vorsichtig kletterten Lilly und Nikolas mit Papa die steilen Treppen Stufe für Stufe nach oben, vorbei an Sackaufzug, Walzenstuhl, Graupen-Schälmaschine, Elevator, Plansichter und wie die ganzen Geräte hießen.

Sie durften sogar auf die Galerie, den Balkon der Mühle. Von hier aus bediente der Müller die Bremsen der Mühle und steuerte die Jalousie-Klappen des einen Flügels. Und von dieser Galerie hatte diese Mühlenbauart auch ihren Namen: Galerie-Holländer-Windmühle. Durch die Lücken der Bodenbretter konnten sie in die Tiefe schauen und Mama zuwinken, die wegen ihrer Höhenangst unten wartete.

„Das war total spannend!“, berichtete Lilly mit glänzenden Augen. „Die Treppen waren so steil, dass wir sie rückwärts wieder runtersteigen mussten.“

„Und wie das gerumpelt hat, als der Müller die Geräte angeschaltet hat!“, fügte Nikolas hinzu.

„Und ich habe hier unten auch etwas dazugelernt“, sagte Mama. „Ich weiß jetzt, warum die abgenutzten Mühlsteine an der Mühle und an den anderen Gebäuden lehnen. Das war quasi Werbung. Wenn ein Müller schon so viele Steine verbraucht hatte, dann war er anscheinend als Müller sehr beliebt und begehrt.“

Beim Abholen der noch warmen Brötchentiere, die himmlisch dufteten, bekamen die Kinder ein Entdeckerheft geschenkt. Auf der letzten Seite konnten sie sich an der Museumskasse noch einen Abdruck eines Sack-Stempels abholen.

Anschließend setzte sich Familie Sonnenschein in das Mühlencafé und genoss den leckeren Kuchen.

„Und was machen wir jetzt?“ Nikolas wischte sich mit einer Serviette den Mund ab.

„Wenn ich ganz ehrlich sein soll, wäre mir nach chillen“, sagte Papa. „Wir haben in den letzten Tagen so viel unternommen, dass ich gerne ausspannen würde.“

Die Idee fanden die anderen Familienmitglieder auch gut. „Da gibt es allerdings ein klitzegroßes Problem“, sagte Mama und grinste. „Ich habe nichts mehr zu lesen!“

„Dann sollten wir kurz nach Nordenham reinfahren“, schlug Papa vor. „Da gibt es bestimmt eine Buchhandlung.“

Während Mama und Papa in Ruhe ihren Kaffee austranken, statteten die Geschwister den Mühlenschafen einen Besuch ab. Dann ging es zurück zum Auto.

„Die Fahrräder stehen noch da“, flüsterte Lilly ihrem Bruder zu.

Nikolas blickte einmal in die Runde, ob ihn irgendjemand beobachtete, aber sie waren allein auf dem Parkplatz. Schnell flitzte er zur Hecke neben dem Bushaltestellenhäuschen. Drei Sekunden später kletterte er zu Lilly auf die Rückbank des Autos. „Die Rucksäcke auch“, wisperte er.

Als sie in Nordenham voll bepackt aus der Buchhandlung kamen, entdeckte Mama ein Schreibwarengeschäft. „Lasst uns da noch kurz reingehen. Ich brauche noch eine Postkarte für Oma und Opa“, sagte Mama.

Während Mama sich die Ständer mit den Postkarten ansah und Nikolas und Papa sich über eine Zeitschrift unterhielten, die Nikolas sich kaufen wollte, schaute sich Lilly ein wenig um. Plötzlich sah sie Rokko und Marcel vor einem Regal mit Briefumschlägen. Schwänzten die beiden also doch die Schule! Marcel nahm einen großen Stapel gepolsterte Umschläge, und Rokko schnappte sich zwei Rollen Klebeband. Dann steuerten die beiden zielstrebig die Kasse an.

Als Familie Sonnenschein den Laden verließ, flüsterte Lilly ihrem Bruder zu, was sie soeben beobachtet hatte.

„Also sind sie definitiv nicht auf dem Sportfest", raunte Nikolas seiner Schwester zu.

Als Papa am Marktplatz eine Eisdiele entdeckte, waren alle mit einer kurzen Pause einverstanden. Sie suchten sich draußen einen schönen Tisch. Lilly hatte sich gerade für ein Spaghettieis entschieden, als Nikolas sie unter dem Tisch sanft trat. Sie beugte sich zu ihm vor. „Dreh dich bloß nicht um!", flüsterte er seiner Schwester zu. „Da kommen wieder Rokko und Marcel."

„Kannst du erkennen, was sie machen?", fragte Lilly mit leiser Stimme.

„Die sind voll beladen mit Schuhkartons."

In dem Moment ertönte ein hohles Geklapper. „Mist!", fluchte eine tiefe Kinderstimme.

Nun konnte Lilly nicht mehr an sich halten und drehte sich um. Auf der Erde lagen mehrere Schuhkartons. Die Deckel waren abgefallen und Seidenpapier wehte über den Marktplatz. Hektisch sammelten Marcel und Rokko die Pappkartons wieder ein. Marcel versuchte, sie ineinander zu stapeln.

„Was wollen die mit so viel Kartons?", fragte Nikolas seine Schwester.

„Vielleicht wollen die etwas basteln", mischte Mama sich in das Gespräch ein.

„Ich kann mir nicht vorstellen, dass die beiden gerne basteln", entgegnete Lilly und schob genüsslich einen Löffel Eis in den Mund.

Marcel und Rokko steuerten nun auf eine Bank zu, die nur drei Meter vom Tisch der Sonnenscheins entfernt stand. Lilly lehnte sich auf ihrem Stuhl weit zurück, um sie möglichst gut belauschen zu können.

„Wie viele haben wir jetzt?", fragte Rokko.

„Dreizehn, und noch die acht zuhause“, antwortete Marcel.

Rokko seufzte. „Immer noch viel zu wenig.“

Marcel hatte seine Geldbörse herausgeholt und zählte sein Geld. „Da vorne ist ein Paketshop. Du wartest hier so lange“, bestimmte er.

Wenige Minuten später konnte Nikolas beobachten, wie Marcel zurückkam. Er wedelte mit Packsets in der Luft, die dann in die riesige Tasche wanderten. „Für vier Stück hat mein Geld gereicht.“

„Lilly? Träumst du?“, fragte Papa. „Dein Eis schmilzt.“

Schnell beugte sich Lilly über ihr Schälchen und löffelte ihr Eis. Rokko und Marcel zogen weiter. Von Lilly und Nikolas hatten sie zum Glück keine Notiz genommen.

Als Lilly und Nikolas später im Garten gemeinsam in der Hängematte lagen, waren Rokko und Marcel natürlich Gesprächsthema Nummer Eins. „Ich wüsste zu gerne, was die mit den vielen Kartons wollen“, sagte Lilly.
„Vielleicht wollen sie sich bei allen Lehrern an der Schule für das tolle Schuljahr bedanken, opfern sich nun auf, lassen das schöne Sportfest ausfallen und basteln stundenlang“, sinnierte Nikolas ironisch.
„Quatschkopf!“ Lilly kitzelte Nikolas so durch, dass dieser aus der Hängematte auf den weichen Rasen fiel und dort liegen blieb.
Lilly sah über den Rand der Hängematte zu ihrem Bruder. „Auf jeden Fall müssen wir Jesco morgen davon berichten. Irgendetwas führen die beiden im Schilde, aber was?“
Nikolas rappelte sich auf. Dabei zog er so stark an der Hängematte, dass Lilly auch fast herausgerollt wäre. „Keine Ahnung. Auf jeden Fall müssen wir Rokko und Marcel noch einmal genau unter die Lupe nehmen.“
„Nur gut, dass Jesco morgen Ferien kriegt und dann mehr Zeit hat.“
„Vorsicht, Mama kommt!“, unterbrach Nikolas seine Schwester. Die Eltern mussten nicht unbedingt mitbekommen, dass sie schon wieder am Ermitteln waren. Besonders Mama machte sich immer solche Sorgen.
„Lilly, hast du schon die Postkarte an Oma und Opa fertig geschrieben?“
Lilly nickte. „Sie liegt im Wohnzimmer auf dem Tisch.“
„Papa und ich wollen noch eine kurze Radtour zum Deich machen und uns den Sonnenuntergang ansehen. Da können wir sie gleich einwerfen.“
Lilly und Nikolas warfen sich einen Blick zu. „Da sind wir mit dabei, oder?“, fragte Nikolas seine Schwester.
„Logo!“ antwortete Lilly krabbelte aus der Hängematte.

ALTPAPIERTONNEN UND ERDBEBEN

„Was ist das denn?“ Lilly stand oben auf dem Deich, hatte den Kopf in den Nacken gelegt und betrachtete eine vier Meter hohe Stahlskulptur. Sie sah aus, als wenn ein Mensch aus einem Stück Stahl heraustreten würde.

„Das ist der Blanke Hans“, antwortete Mama.

„Und wer ist dieser Hans?“, wollte Nikolas wissen.

Papa grinste. „Der Blanke Hans ist kein Mensch. Mit diesem Ausdruck bezeichnen die Menschen hier die Sturmfluten.“

Lilly blickte angestrengt auf die Straße zu ihren Füßen und nickte ihrem Bruder unmerklich zu.

Nikolas blickte ebenfalls zur Straße und wusste sofort, was Lilly entdeckt hatte. Zwei Jungen mit leuchtendblauen Käppis fuhren dort mit ihren Fahrrädern.

Marcel zog mit seinem Fahrrad einen kleinen Anhänger. Sie machten an jeder Altpapiertonne, die die Anwohner für die Abfuhr am nächsten Tag bereits an die Straße gestellt hatten, Halt. Sie öffneten die Deckel und wühlten in den Tonnen herum.

„Was machen die da?“, raunte Lilly ihrem Bruder zu.
„Na, heckt ihr beiden hier wieder was aus?“ Papa zog einmal sanft an Lillys Pferdeschwanz.
„Wir doch nicht!“, sagte Lilly.
„Wir haben festgestellt, dass Jesco ab übermorgen Ferien hat und dass wir gerne etwas Zeit mit ihm verbringen würden“, sprang Nikolas seiner Schwester zur Seite.
„Mama und ich haben auch schon gesagt, dass wir es die letzten Urlaubstage etwas ruhiger angehen wollen“, erzählte Papa. „Für morgen haben wir allerdings noch einen richtig tollen Ausflug geplant.“
„Was denn?“, fragte Nikolas neugierig.
„Wir wollen noch einmal nach Bremen fahren und das *Universum* besuchen. Das ist ein Mitmach-Museum über die Welt der Wissenschaft.“
„Mitmach-Museum klingt immer gut!“, sagte Lilly.
„Dann sollten wir jetzt zurück zum Ferienhaus radeln, damit es heute Abend nicht zu spät wird“, sagte Papa und ging zu den Fahrrädern.
Als Papa so weit entfernt war, dass er nicht mehr hören konnte, was die Geschwister besprachen, sagte Lilly: „Mist! Bremen ist so weit weg. Da sind wir wieder echt lange unterwegs.“
„Hoffentlich wollen unsere Eltern hinterher nicht wieder in die Altstadt!“, fügte Nikolas hinzu.
Auf dem Weg zum Ferienhaus fuhren sie an Marcel und Rokko vorbei. Marcel zog gerade triumphierend eine Schachtel aus der Tonne. Lilly konnte einen Blick auf den Anhänger erhaschen, in dem schon einige Kartons lagen.

„Was soll das denn sein?“ Nikolas stand vor dem Museum und betrachtete das große, silbrige Gebäude, das von einem See umgeben und nur über eine Brücke zu erreichen war.
„Es sieht aus wie eine riesige Muschel“, meinte Mama.
„Ich finde, es sieht aus wie ein Wal“, erwiderte Lilly.

„Egal!“ Papa rieb sich die Hände. „Auf ins *Universum*!“

Da sich am Himmel schon wieder dunkelgraue Wolken zusammenzogen, wollte Papa sich zuerst das Außengelände ansehen. Hier drehte sich alles um die Themen Wasser und Wind. Papa wollte unbedingt den gedrehten Turm erklimmen, der eigentlich Turm der Lüfte hieß.

Mama wurde schon bei dem Gedanken daran ganz blass um die Nase. „27 Meter hoch, und das Ganze noch gedreht? Macht ihr ruhig. Ich brauche das nicht.“

So erkundeten die Geschwister zusammen mit Papa den Turm. Auf jeder Ebene gab es etwas anderes zu entdecken. Sie ließen Bälle fliegen, maßen die Windstärke und lauschten den Resonanzröhren. Von ganz oben hatten sie eine tolle Aussicht über Bremen.

Als sie wieder unten bei Mama waren, fing es richtig an zu regnen. „Ich habe für heute genug von Wasser und Wind“, meinte Papa. „Lasst uns reingehen.“

In der Ausstellung gab es drei Ebenen. Jede Ebene war einem Themenbereich gewidmet: Technik, Mensch und Natur. Die ersten Stationen erkundete die Familie noch gemeinsam. Doch schon bei der Blitzmaschine hatten Nikolas und Lilly ihre Eltern aus den Augen verloren. So zogen sie allein weiter. Sie lauschten an der Hörmuschel, puzzelten mit Körperteilen und versuchten sich am heißen Draht. Beim Reaktionstest, bei dem man auf einer weißen Wand aufblinkende Lichter berühren musste, kamen sie ganz schön ins Schwitzen. Sie erzeugten mit ihren Körpern farbenfrohe Kunstwerke, stellten Wolken her, ließen Eis wachsen und beobachteten einen Tornado. Die Zeit verging wie im Fluge, so spannend war das, was man erkunden konnte.

Nach drei Stunden vibrierte Nikolas’ Handy. Eine Nachricht von Mama:

Wir haben Hunger und sitzen im Restaurant Kubus, das ist der rostrote Würfel, in dem auch die Sonderausstellung untergebracht ist.

„War das Erdbebensofa nicht stark? Wir haben gleich alle Erdbebenstärken ausprobiert.“ Mit leuchtenden Augen biss Nikolas von seinem Hamburger ab. „Dass man selbst Erdbeben erzeugen konnte, war aber auch nicht schlecht!“, meinte Lilly.

Mama hielt den Kindern ihr Smartphone hin. „Wollt ihr mal sehen, wie ich aus Papa einen winzigen Zwerg gemacht habe?“ Auf dem Bild kauerte Papa auf einem riesigen Stuhl.

„Und ich weiß jetzt, dass ich ziemlich schlecht im Lippenlesen bin“, sagte Papa.

Nikolas sah seine Schwester an und formte mit den Lippen: „Das müssen wir uns merken.“

„Freche Bande!“, sagte Papa und lachte.

„An der Plasmakugel hat uns eine Mitarbeiterin etwas Tolles gezeigt!“, erzählte Nikolas.

„Erzähl!“, forderte Mama ihn auf.

„Sie hat eine Leuchtstoffröhre über die Plasmakugel gehalten, die dann wie von Geisterhand ganz ohne Kabel zu leuchten begann.“

Lilly trank einen Schluck Wasser. „Viel spannender ist aber, dass ich am Lügendetektor festgestellt habe, dass Nikolas die Sophie aus seiner Klasse nett findet." Lilly grinste ihren Bruder an, dessen Gesicht sich rot färbte.
„Wie sieht es aus? Wollen wir noch in den Bürgerpark fahren? Der soll total schön sein, mit Spielplätzen, einem Tiergehege, und man kann sogar auf dem Emmasee Ruderboot fahren." Papa blickte fragend in die Runde.
Nikolas druckste herum. „Ich habe eben eine Nachricht von Jesco bekommen. Er wollte wissen, ob wir bald zurück sind." Sein Kopf wurde noch eine Spur dunkelroter.
„Ehrlich gesagt, reicht es mir für heute auch", gab Mama zu. „Ich würde gerne in das Ferienhaus fahren und noch etwas entspannen. Den Park können wir uns ja für ein anderes Mal aufheben."
„Warum hast du mir das mit der Nachricht von Jesco denn nicht erzählt?", fragte Lilly auf dem Weg zum Parkplatz.
„Pssst!", zischte ihr Bruder. „Weil ich mir das eben ausgedacht habe. Mir fiel auf die Schnelle kein besseres Argument ein, warum wir nach Hause wollen."
„Lügen ist aber nicht nett", sagte Lilly mit zusammengezogenen Augenbrauen.
In dem Moment griff ihr Bruder in seine Hosentasche und holte sein Smartphone hervor, das gerade ein leises „Pling" von sich gegeben hatte. Er las die Nachricht und hielt dann Lilly das Handy hin. „Siehst du? War gar nicht gelogen. Ich bin einfach nur ein super Wahrsager!"

Eine Viertelstunde, nachdem Familie Sonnenschein wieder in Tossens angekommen war, radelten Lilly und Nikolas mit Jesco zum Haus von Frau Öltjen. Auf den ersten Blick sah auf dem Grundstück alles unberührt aus. Wie immer dauerte es nur Sekunden, bis Minka angeflitzt kam und maunzend um die Kinder herumtigerte.
Jesco zog ein Werbeblatt aus dem Zeitungsrohr und öffnete die Haustür. Nachdem er für Minka eine Dose Katzenfutter geöffnet hatte und während

die Katze genüsslich ihr Futter verschlang, machten die Kinder einen Routinegang durch das Haus. Alle Räume sahen unberührt aus. Keine Pizzakartons, kein schmutziges Messer und auch keine Krümel. Bevor sie wieder nach Hause fuhren, wollte Jesco die Werbung hinterm Haus in die Altpapiertonne werfen. Er öffnete den Deckel, runzelte die Stirn, beugte sich in die große Tonne und zog mit spitzen Fingern kleine quadratische Pappen heraus, die aus einem chinesischen Restaurant stammten. „Erstens waren die vorgestern noch nicht da, und zweitens gehören die wegen der Speisereste in den Restmüll." Er zog noch vier weitere dreckige Behältnisse heraus.

„Wir hatten ja Marcel und Rokko in Verdacht", meinte Lilly. „Aber fünf Essen schaffen die doch nie."

„Wie kommt ihr auf die beiden?" Fragend blickte Jesco Lilly an.

„Das wollten wir dir schon die ganze Zeit erzählen. Als wir neulich eine Radtour mit unseren Eltern gemacht haben, standen sie hier auf der Straße direkt vor dem Grundstück."

Jesco zuckte mit den Schultern. „Das kann Zufall gewesen sein. Die fahren ja ständig mit ihren Rädern durch die Gegend." Ehe Lilly und Nikolas etwas entgegnen konnten, zog Jesco einen Zehn-Euro-Schein aus der Hosentasche. „Den hat meine Mama mir zugesteckt. Wir sollen uns ein Eis kaufen. Kommt, wir radeln zum Supermarkt!"

Das ließen sich Lilly und Nikolas nicht zweimal sagen.

„Ich glaube es nicht!", sagte Jesco und wies mit dem Kopf zu einer Bank, die vor dem Eingangsbereich des Ladens stand. „Guckt mal, wer da ist!"

Rokko saß auf der Bank. Neben ihm stand wieder die große Tasche, die prall gefüllt war.

Als Lilly, Nikolas und Jesco auf Rokko zusteuerten, kam Marcel um die Ecke. Er wedelte mit einem Stapel Zettel in der Luft. Unter dem Arm klemmten Packsets. „Ich habe auch Paketscheine bekommen."

„Was habt ihr denn vor?", fragte Jesco.

Erst jetzt bemerkten Marcel und Rokko ihren Klassenkameraden und seine Begleitung.
Marcel und Rokko tauschten einen Blick aus. „Mein Bruder jobbt in einer Apotheke, und die brauchen die Kartons, um bestellte Medikamente zu verschicken“, antwortete Marcel hastig. „Für jeden Karton kriegen wir ein paar Cent.“
„Wieso seid ihr gestern eigentlich nicht beim Sportfest gewesen?“, wechselte nun Jesco abrupt das Thema.

Rokko bekam einen hochroten Kopf und sah hektisch zu Marcel. „Uns war gestern schlecht. Bestimmt was Falsches gegessen. Jetzt geht es wieder“, antwortete dieser und grinste schief.
„Na, dann weiterhin gute Besserung!“, sagte Jesco und stiefelte an den beiden vorbei ins Ladeninnere. Lilly und Nikolas folgten ihm.

Als die drei kurze Zeit später aus dem Supermarkt herauskamen, konnten sie Marcel und Rokko beobachten, die immer noch auf der Bank saßen.
„Die waren gestern gar nicht krank!“, platzte es da aus Lilly heraus.
„Woher willst du das wissen?“ Jesco sah Lilly mit großen Augen an.
Da erzählten Lilly und Nikolas abwechselnd, was sie am Tag zuvor gesehen hatten. Dass Marcel und Rokko ihre Schultaschen auf dem Parkplatz bei der *Moorseer Mühle* versteckt hatten und wie sie die beiden später in Nordenham wiedergesehen hatten, wo sie Briefumschläge kauften und Schuhkartons sammelten. Auch von ihrer abendlichen Beobachtung an den Altpapiertonnen berichteten sie.
„Ich frage mich nur, was die mit den ganzen Kartons und Briefumschlägen wollen“, erwiderte Jesco.
„Dass die hier Kartons für die Apotheke sammeln, ist auf jeden Fall erstunken und erlogen!“ Lilly leckte den Holzstiel ihres Eises sorgfältig ab. „Das wäre ja auch ein schlechtes Geschäft, wenn sie bei der Post Packsets kaufen, um sie dann in der Apotheke abzuliefern. Daran können sie ja nichts verdienen.“
Nikolas reckte seinen Hals und sah unverwandt zur Bank hinüber. „Jetzt machen sie sich aus dem Staub.“
Auch Lilly und Jesco blickten nun hinüber. Marcel und Rokko machten sich an ihren Rädern zu schaffen, verstauten die Tasche und die Kartons und machten sich auf den Weg.
„Vielleicht sollten wir ihnen folgen und nachsehen, was sie vorhaben“, schlug Nikolas vor. „Vielleicht bekommen wir so heraus, was sie mit den Kartons machen.“

Die drei sahen einander an und schnappten sich dann ihre Fahrräder. Dummerweise versperrte ihnen ein riesiger LKW mit Anhänger, der den Laden beliefern wollte und deshalb langsam rückwärts auf den Parkplatz fuhr, den Weg. Als sie endlich losfahren konnten, war von Marcel und Rokko nichts mehr zu sehen.
„Mist!“, sagte Jesco und schlug sich auf den Oberschenkel.

Langsam fuhren sie zum Ferienhaus, wo Mama und Papa schon den Grill aufgebaut und die Grillkohle angezündet hatten und Jesco einluden, mit ihnen zu essen.
„Und du hast jetzt auch Ferien?“, fragte Papa und quälte sich mit der Senftube ab.
Jesco nickte. „Endlich!“
„Du hast es gut“, meinte Lilly. „Du hast noch ganze sechs Wochen vor dir. Unsere Sommerferien sind schon so gut wie vorbei.“
Mama lachte aus vollem Hals. „‚So gut wie vorbei‘ ist wohl ein wenig übertrieben. Es bleiben doch noch vier Wochen, wenn wir wieder in Berlin sind.“
„Wollen wir uns gleich für morgen früh verabreden?“, fragte Jesco Lilly und Nikolas.
Fragend blickte Nikolas seine Eltern an. „Habt ihr schon etwas geplant?“
Mama wiegte ihren Kopf hin und her. „Etwas habe ich noch.“
Lilly stöhnte auf. „Noch ein Museum?“
„Ich dachte, wir könnten morgen noch das *Schiffahrtsmuseum* in Brake besuchen“, erklärte Mama. „Wenn Jesco Lust hat, kann er uns gerne begleiten.“
Jesco nickte. „Da war ich schon mal. Das ist cool. Besonders der Turm.“
„Du meinst den *Telegraphen*?“, hakte Papa nach.
Jesco hatte gerade von seiner Bratwurst abgebissen und konnte nur nicken.

VERSCHLÜSSELTE NACHRICHTEN UND VERRÄTERISCHE SPUREN

„Das muss es sein“, sagte Papa und blieb vor einem großen Gebäude aus Ziegelsteinen in der Fußgängerzone von Brake stehen. Im Eingangsbereich stand ein Aufsteller: ein Mann im schicken Anzug mit gelbem Hut, lila Fliege und einem blauen Regenschirm in der Hand.
„Bist du dir sicher?“ Lilly stand vor einem der Fenster und versuchte hineinzuschauen. „Das sieht eher nach einem Tante-Emma-Laden aus.“
„Jesco, du hattest doch erzählt, dass das Museum einen Turm hat, oder?“, fragte Nikolas. „Den gibt es hier nicht.“
„Das Museum besteht aus zwei Gebäuden“, erklärte Mama. „Dies hier ist das *Haus Borgstede & Becker* und dann gibt es noch den *Telegraphen*.“
„Der ist da vorne um die Ecke“, fügte Jesco hinzu.
„Genau genommen“, fügte Papa hinzu, „gibt es sogar drei Häuser. In Elsfleth gibt es noch das *Haus Elsfleth*, aber alle drei Häuser werden wir heute nicht schaffen.“
„Ihr habt doch bestimmt Lust, bei unserem Sommerrätsel mitzumachen“, sagte der Museumsmitarbeiter an der Kasse. „Wenn ihr alle Fragen richtig beantwortet, gibt es auch eine kleine Belohnung.“
„Das ist einfach“, meinte Jesco. „Das Rätsel habe ich im letzten Sommer schon gemacht. Da kann ich euch die Lösungen vorsagen.“

Der Museumsmitarbeiter schmunzelte. „Damit das nicht passiert, denken wir uns jedes Jahr neue Aufgaben aus."

„Mist!", sagte Jesco und rollte mit den Augen.

Mit dem Sommerrätsel und einem Audioguide für Kinder ausgestattet, gingen sie los. Lilly blieb gleich am Eingang stehen und lugte in den Laden, den sie schon von der Straße aus gesehen hatte. Hier gab es das erste Kopfhörersymbol mit einer Zahl, die sie in den Audioguide eintippte.

„Das ist ein Tante-Emma-Laden der besonderen Art", meinte Papa. „Ein Schiffsausrüsterladen."

„Deswegen gibt es hier so komische Sachen. Ich hatte mich schon gewundert." Nikolas reckte seinen Kopf über die Absperrung, um möglichst alles sehen zu können. „Käse und Kakao sind ja normal, aber Positionslampen, Seile und Feuerlöscheimer?"

„Hier konnte man alles erstehen, was man für die große Fahrt auf einem Schiff so brauchte", erklärte Lilly und zeigte auf den Audioguide.

Mama stand schon ein paar Meter weiter vor dem nächsten Raum, dem Wohnzimmer eines ostfriesischen Bauernhauses. „Sind die Fliesen nicht wunderschön?", sagte sie zu ihrer Tochter, die nun neben ihr stand. Doch Lilly hatte ihre Frage gar nicht gehört. Sie lauschte bereits wieder dem Text auf dem Audioguide.

In der nächsten Stunde eroberten sich die Kinder mit dem Audioguide nach und nach alle Etagen des Hauses. Sie sahen sich den ersten Atlas an, den es in der Geschichte der Menschheit gegeben hatte. Bei den Sonnenuhren überlegte Nikolas, ob man die an der Nordseeküste überhaupt einsetzen kann, so selten, wie sich die Sonne in ihrem Urlaub hatte blicken lassen. Sie lernten, warum die Geschwindigkeit von Schiffen in Knoten gemessen wurde, und sahen sich einen Film darüber an, wie früher Seile gemacht wurden.

Nachdem sie alle Rätselfragen zum *Haus Borgstede & Becker* beantwortet hatten, ging es weiter zum *Telegraphen*, der nur wenige Gehminuten entfernt war und direkt am Hafen lag. Er war ebenfalls ein Ziegelbau und sah aus wie

ein Bungalow, auf dessen Spitze man einen großen Quader gesetzt hatte. Hier erfuhren sie, dass das heutige Wahrzeichen von Brake als optischer Telegraph erbaut worden war.

„Bevor sich die Morsetelegraphie durchgesetzt hat, war die optisch-mechanische Telegraphie die einzige Möglichkeit, Nachrichten schnell über eine große Strecke zu übermitteln“, erzählte Papa. „Dafür baute man in Fernrohrsichtweite Türme, auf deren Dächern schwenkbare Arme installiert wurden.“

Lilly hatte ein Modell entdeckt, an dem die Kinder ausprobieren konnten, wie das Alphabet mit den schwenkbaren Armen funktionierte. Hierbei konnten sie auch gleich ein weiteres Rätsel auf ihrem Bogen lösen.
Im Museum erfuhren sie noch allerhand über das harte Leben der Walfänger an Bord und konnten ein Fragment des Rettungsbootes der „Pamir“ ansehen, die 1957 bei einem Orkan gesunken war. Selbst Mama genoss im oberen Stockwerk des Turms die Aussicht über den Hafen und die Innenstadt.
Bevor die Kinder ihren Rätselbogen abgaben, musste Papa noch ein paar Fotos von ihnen vor dem *Telegraphen* machen.

„Endlich mal wieder Pizza!“, sagte Nikolas und studierte die Speisekarte. „Ich habe noch nie in einem Urlaub so viele Fischbrötchen gegessen.“
Papa ließ ein leises Knurren hören. „Was den Fisch anbelangt, muss ich mir für die Zeit bis zum nächsten Urlaub an der Küste ja ein wenig Vorrat anfuttern.“
„Du bist hier auf der sicheren Seite“, meinte Mama. „Hier gibt es gleich mehrere Pizzen mit Fisch!“
„Was habt ihr eigentlich für das Rätsel bekommen?“, wollte Papa wissen, nachdem sie ihre Bestellung aufgegeben hatten.
Lilly stellte eine kleine Papiertüte auf ihren Schoß und zog ein Blatt Papier heraus. „Jeder hat eine Urkunde mit seinem Namen bekommen.“ Sie kramte weiter in der Tüte. „Diese süßen Pinguin-Schaumgummis, ein Rätselheft und dieses Heftchen von Herrn Krause, der Urlaub macht. Herr Krause ist nämlich der Herr am Eingang mit Hut und Regenschirm.“
Auf dem Rückweg zum Parkplatz kamen sie an einer Eisdiele vorbei. Hier konnte man nicht nur Eis an der Theke bestellen, sondern vor dem Laden stand auch ein „Eis TEO-MAT“, ein Automat, aus dem Eis gezogen werden konnte, das in der Eisdiele hergestellt worden war. Das mussten die Kinder natürlich sofort ausprobieren.
„Auf nach Hause?“, fragte Papa, bevor er den Motor startete.

Mama druckste ein wenig herum. „Erinnert ihr euch, dass ich beim *Handwerksmuseum* in Ovelgönne einen Flyer von einem historischen Kaufhaus mitgenommen hatte? Das ist in Abbehausen, in der Nähe der *Moorseer Mühle*. Da würde ich so gerne noch hinfahren. Dummerweise macht das erst heute Nachmittag auf."

„Och, nö!", sagte Nikolas. „Kaufhäuser sind langweilig."

„Finde ich überhaupt nicht", erwiderte Lilly wie aus der Pistole geschossen.

„Ich mache euch einen Vorschlag", sagte Papa und drehte sich zu den Kindern auf der Rückbank um. „Wir fahren jetzt alle nach Hause, und wenn dieses Kaufhaus öffnet, können Mama und Lilly dort alleine hinfahren."

Mit diesem Vorschlag waren alle einverstanden.

„Lilly wird bestimmt stinkig auf uns sein", meinte Nikolas, als er und Jesco losradelten.

„Du meinst, weil wir alleine zu Minka fahren?"

Nikolas nickte. „Lilly ist ganz verrückt, wenn es um Tiere geht. Leider dürfen wir selber keines halten. Unsere Eltern meinen, dass wir zu wenig zu Hause sind, um uns richtig um ein Tier kümmern zu können."

„Wir können ja heute Abend noch einmal hinfahren", schlug Jesco vor. „Minka freut sich immer über Besuch."

Als sie beim Haus von Frau Öltjen ankamen, stand wieder das Gartentor offen. Jesco seufzte. Sie stellten ihre Fahrräder im Vorgarten ab, und Jesco ging zum Nistkasten, um den Haustürschlüssel herauszuholen. Doch der Kasten war leer.

„Guck mal", sagte Nikolas und zeigte zur Haustür. „Der Schlüssel steckt. Ist deine Schwester hier?"

„Nur, wenn sie fliegen kann. Als wir losgefahren sind, war sie noch zu Hause."

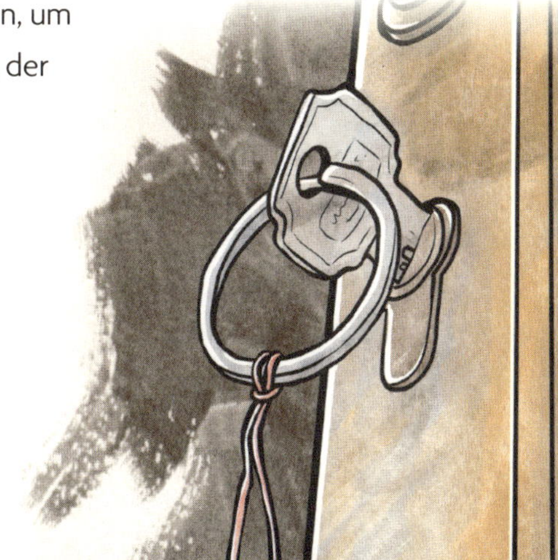

AUF FRISCHER TAT ERTAPPT

Nikolas und Jesco sahen einander an. „Denkst du dasselbe wie ich?", fragte Nikolas.

„Vielleicht sind das die, die den ganzen Müll gemacht haben", flüsterte Jesco. Er ging zur Haustür und öffnete sie im Zeitlupentempo. Nikolas stand mit klopfendem Herzen hinter ihm. Jesco legte den Zeigefinger auf die Lippen und betrat vorsichtig den Hausflur. Nikolas folgte ihm.

Im Haus roch es nach Zigarettenqualm. Auf dem Flur stapelten sich leere Kartons. Schmutzige Fußspuren führten in den hinteren Teil des Hauses. Die Jungs hörten Stimmen. Jesco blieb abrupt stehen. „Hörst du das? Diese tiefe Stimme? Das ist todsicher Marcel!"

„Na, klar!", wisperte Nikolas. „Und dies sind die Pappkartons, die sie gesammelt haben."

„Die beiden knöpfen wir uns vor!" Jesco hatte seine Augenbrauen zusammengezogen. „Was fällt denen ein, einfach in das Haus von Frau Öltjen einzubrechen?" Mit strammen Schritten ging Jesco weiter den Flur hinunter, blieb dann aber plötzlich wieder stehen.

„Da sind noch andere Stimmen. Nicht nur die von Rokko oder Marcel!"

Jesco und Nikolas schlichen bis zur Zimmertür. Jesco bückte sich und sah durch das Schlüsselloch.

„Was siehst du?", flüsterte Nikolas.

Jesco zuckte mit den Schultern. „Ich kann nichts richtig erkennen."

„Lass mich mal!" Nikolas beugte sich vor, als er plötzlich einen wahnsinnigen Schmerz spürte und nach hinten gerissen wurde. Er schrie laut auf. Jesco ebenfalls. Jemand hatte sie von hinten an den Haaren gepackt.

Ehe sie es sich richtig versahen, wurde die Zimmertür von innen aufgerissen. Ein fremder Mann, bekleidet mit einer Jeans und einem Karohemd stand vor ihnen. Etwas weiter hinten im Raum standen Rokko und Marcel. Beide waren vor Schreck erstarrt.

„Sieh mal einer an! Wen haben wir denn da?“, sagte der Mann im Karohemd. Jesco und Nikolas wurden unsanft in den Raum geschubst, den Frau Öltjen als Waschküche benutzte. Nikolas konnte sich gerade noch abfangen, aber Jesco geriet ins Straucheln und fiel der Länge nach hin.

„Was habt ihr Kröten hier im Haus verloren?“, herrschte sie der Mann an, der sie eben noch an den Haaren gepackt hatte. Ein langer, dürrer Typ mit einem Pferdeschwanz.

Jesco rieb sein Bein. „Die Frage müsste ich ja wohl euch stellen!“

„Nun wird die Kröte auch noch frech!“ Der dürre Typ baute sich vor Jesco auf. „Wird's bald! Was habt ihr hier zu suchen?“ Er trat mit dem rechten Fuß an das Bein von Jesco.

Jescos Stimme zitterte. „Ich füttere hier die Katze von Frau Öltjen, die verreist ist.“

Der Mann im Karohemd drehte sich zu Rokko und Marcel um. „Ich denke, das Haus ist im Moment verwaist, weil die Besitzerin verstorben ist“, brüllte er die beiden Jungen an.

Marcels Gesicht war eine einzige Fratze. Unruhig trippelte er hin und her. „Da habe ich wohl etwas verwechselt“, kam stotternd aus seinem Mund. Seine sonst so tiefe Stimme quietschte.

„Verwechselt? Wie blöd kann man sein?!“ Die Stimme des Mannes überschlug sich nahezu.

„Und was machen wir jetzt mit den beiden?“, fragte der Dürre.

„Wir müssen sie auf jeden Fall zum Schweigen bringen“, brüllte der Mann im Karohemd. „Wenn die uns verpfeifen, sind wir geliefert! Lasst euch was einfallen!“

Nikolas hatte einen dicken Kloß im Hals. Was würden die jetzt mit ihnen machen? Hilfesuchend warf er einen Blick zu Jesco, der kreidebleich auf dem Fußboden saß.

GEFANGEN!

Nachdem der Dürre eine Weile im Zimmer auf und ab getigert war, blieb er vor Jesco stehen. „Steh gefälligst auf!" Spucke schleuderte aus seinem Mund. Dann packte er Jesco und Nikolas jeweils hart am Oberarm. Nikolas stöhnte auf und bekam sofort einen Tritt an seinen Unterschenkel. „Klappe halten!"

Der Dürre bugsierte die beiden Jungen auf den Flur, blieb vor einer Tür stehen und schob den Riegel, der außen an der Tür befestigt war, zur Seite. Dann öffnete er die Tür und eine Treppe, die nach unten führte, wurde sichtbar. Der Dürre stieß beide Jungen nach unten. Nikolas griff nach dem Handlauf und prallte seitlich gegen das Geländer. Jesco plumpste auf seinen Po und rutschte noch zwei Stufen nach unten. Oben wurde die Tür zugeschlagen und der Riegel wieder vorgeschoben. Es war dunkel.

„Mist!", fluchte Jesco. Er fingerte nach seinem Handy, das er in seiner Gesäßtasche hatte und schaltete die Taschenlampe ein. „Ist mit dir alles in Ordnung?"

Nikolas nickte und hoffte, dass Jesco bei dem Licht nicht merkte, dass ihm Tränen über das Gesicht liefen.

Jesco stieg die Treppe hinauf und rüttelte an der Tür. Sie war fest verschlossen. Dann leuchtete er mit der Taschenlampe die Wand neben der Tür ab, bis er den Lichtschalter fand. Er drückte ihn, die Lampe flammte kurz auf, dann knisterte sie kurz, und es war wieder stockdunkel.

„Mist! Durchgebrannt! Auch das noch!" Wütend haute Jesco mit der Faust an die Tür.

„Hast du Empfang?" Nikolas hielt sein Handy in alle Richtungen in die Luft, aber es half nichts.

Jesco schüttelte den Kopf. „Das kannst du hier vergessen."
Sie setzten sich nebeneinander auf die Stufen. „Lass uns lieber die Taschenlampen ausschalten, damit die Akkus länger halten", sagte Jesco.
Es wurde wieder dunkel im Kellerraum. Irgendwo raschelte es. Es roch muffig. Von oben hörten sie Stimmen. Es klang, als würden sich die Männer streiten. Etwas polterte. Jesco fröstelte. Er rieb sich mit den Händen über die Arme.
„Was waren das für komische Typen?", überlegte Jesco. „Hast du erkennen können, was die da gemacht haben?"
Nikolas zuckte mit den Schultern. „Keine Ahnung."
Der Streit oben wurde immer lauter. Nun hörte es sich an, als würden sie direkt vor der Kellertür stehen. Würden die Männer sie nun holen? Nikolas' Herz pochte wie wild. Jesco hielt den Atem an. Dann fiel eine Tür ins Schloss, und es war totenstill.
Jesco schaltete seine Lampe wieder an und schlich nach oben. Er rüttelte noch einmal an der Tür, aber sie bewegte sich nicht.
„Ich glaube, die sind weg!", stellte Jesco fest.

Die beiden Jungen saßen nebeneinander auf der Treppe. Um die Angst zu vertreiben, erzählten sie sich gegenseitig Geschichten. Nikolas erzählte von all den Fällen, die er schon mit Lilly auf Urlaubsreisen gelöst hatte. Von den Umweltverschmutzern im Moor im Oldenburger Land, vom Bunkerschatz auf der dänischen Insel Römö, von den Tierschmugglern in Hamburg und von den Wracktauchern auf Baltrum.
„Vielleicht kommt ja jetzt noch ein Fall hinzu?", meinte Jesco.
„Wenn uns jemals jemand findet", sagte Nikolas und musste schlucken. Er schaltete sein Handy ein und warf einen Blick auf die Uhr. „Es ist schon nach 20 Uhr. Ich sollte um 19 Uhr zum Abendbrot zu Hause sein. Meine Eltern machen sich bestimmt schon Sorgen!"
„Meine Eltern müssen bis Mitternacht arbeiten, und Janna ist heute bei einer Freundin. Das dauert noch, bis die merkt, dass ich nicht zu Hause bin."

„Was werden die Typen mit uns machen?“, überlegte Nikolas.

„Zum Schweigen bringen heißt in Krimis immer, dass man umgebracht wird!“, sagte Jesco.

Plötzlich hörten sie ein Motorengeräusch, das wieder erstarb. Dann klappten mehrere Autotüren. Kamen nun die Männer, um sie zu holen? Nikolas kämpfte mit Übelkeit. Jesco griff nach Nikolas’ Hand.

Dann hörten sie eine Stimme: „Nikolas? Jesco? Wo seid ihr?" Nikolas war noch nie so froh, Lillys Stimme zu hören.
Beide Jungen machten ihre Taschenlampen an und polterten die Treppe nach oben. „Hier! Im Keller! Die Tür mit dem Riegel!", brüllte Nikolas aus Leibeskräften. Er schlug mit der Faust an die Tür. Dann wurde der Riegel weggeschoben. Die Tür ging auf, Staub tanzte im Licht. Die Jungen blinzelten. Ihre Augen mussten sich erst wieder an die Helligkeit gewöhnen. Vor ihnen standen Mama, Papa und Lilly. Das Mädchen fiel ihrem Bruder um den Hals.
„Wie habt ihr denn das geschafft?" Papa kratzte sich am Kopf.
Abwechselnd berichteten die Jungen, was ihnen widerfahren war. Sie zeigten den Eltern und Lilly die Waschküche. Da standen riesige Kartons, gefüllt mit Kleidung von Lacoste und Gucci, in allen möglichen Größen und Farben. Daneben standen Schuhkartons, die mit Klebeband zugeklebt waren und auf denen schon Paketscheine mit Adressen klebten. „Mir schwant da was", sagte Papa, holte sein Smartphone heraus und informierte die Polizei.

„Du, Lilly?" Nikolas richtete sich ein wenig im Bett auf. „Danke, dass du mir das Leben gerettet hast!"
„Hm", kam es von der anderen Seite des Zimmers. „‚Das Leben gerettet' ist wohl etwas übertrieben."
„Ich glaube, ich war dabei, vor Angst zu sterben." Nikolas kuschelte sich wieder unter seine Bettdecke. „Auf jeden Fall bin ich wirklich sehr froh, dass ich dich habe! Wie war eigentlich euer Ausflug?"
Lilly drehte sich um, sodass sie zu Nikolas blicken konnte. „Das Kaufhaus war toll. Es hatte eine uralte Ladeneinrichtung. Ganz viele Schubladen, und überall stand und hing etwas herum. Ich wusste gar nicht, was ich mir zuerst ansehen sollte. Und das Beste war, dass man da sogar was kaufen konnte!"
„Hast du dir etwas gekauft?", fragte eine müde Stimme.
Lilly nickte. „Ein Knäuel Wolle. Oma will mir doch das Stricken beibringen."
Doch das hörte Nikolas schon nicht mehr.

FALL GELÖST

„Habe ich das geträumt, oder haben wir gestern wirklich eine Versandstation für Produktfälschungen ausgehoben?" Jesco schlängelte sich im Flur an den Koffern der Familie Sonnenschein vorbei. Seine Schwester Janna folgte ihm.

„Papa telefoniert gerade mit der Polizei", berichtete Lilly. „Ich kann es auch noch gar nicht glauben." Sie ging ins Wohnzimmer und ließ sich neben Nikolas auf das Sofa plumpsen. Jesco setzte sich auf einen Sessel. Janna kauerte sich daneben auf die Lehne und wuschelte ihrem Bruder durch das Haar. „Da ist man einmal nicht da, und schon lässt der kleine Bruder eine Bande auffliegen!"

Jesco seufzte. „Wenn das wirklich stimmt, dann habe ich meine beiden Klassenkameraden verpfiffen."

„‚Verpfeifen' würde ich das nicht nennen", erwiderte Papa, der gerade ins Wohnzimmer kam.

„Was hat denn die Polizei gesagt?" Nikolas saß gespannt wie ein Flitzebogen auf der vorderen Kante des Sofas.

„Die beiden Männer wollten dort in der Tat Plagiatsware, so nennt man Produktfälschungen, verticken. Sie haben die Ware im großen Stil in China eingekauft und wollten sie in Frau Öltjens Haus verpacken und versenden."

„Und was haben Rokko und Marcel damit zu tun?" Unruhig knibbelte Jesco an seinen Fingern.

„Einer der beiden Männer ist der Cousin von Marcel. Er ist bereits polizeibekannt. Nun wollte er richtig groß rauskommen", erzählte Papa. „Dieser Cousin hat Marcel und seinen Kumpel Rokko so unter Druck gesetzt, dass sie alles gemacht haben, sogar die Schule geschwänzt."

„Jetzt weiß ich auch, wo Marcel und Rokko plötzlich die ganzen Markenklamotten herhatten. Das waren auch Fälschungen!", stellt Jesco mit tonloser Stimme fest.

Lilly sprang von ihrem Platz auf. „Was habe ich dir gesagt?", fragte sie ihren Bruder. „Das im Schwimmbad war also doch Marcel!"

Nun berichteten Lilly und Nikolas von dem Gespräch, das sie gleich am ersten Tag im *Aqua Mundo* belauscht hatten.

Nikolas zog nachdenklich die Stirn kraus. „In der Haut von Marcel und Rokko möchte ich jetzt nicht stecken."

„Von der Polizei haben sie nichts zu befürchten", meinte Papa. „Sie sind mit ihren 13 Jahren noch nicht strafmündig."

„Was heißt ‚noch nicht strafmündig'?", wollte Lilly wissen.

„Man kann für seine Taten erst ab 14 Jahren bestraft werden", erklärte Mama. „Vorher geht der Gesetzgeber davon aus, dass Kinder noch nicht hundertprozentig verstehen können, dass sie etwas Falsches tun. Da haften dann eher die Eltern."

„Auf jeden Fall wird das Jugendamt informiert", fügte Papa hinzu.

„Und was macht das dann?", fragte Lilly.

„So ganz genau weiß ich das auch nicht", sagte Papa. „Ich denke, sie werden ein Auge darauf haben, ob die Eltern von Marcel und Rokko sich vernünftig um die beiden kümmern oder ob sie Hilfe vom Jugendamt benötigen. Es kommt auch darauf an, ob die beiden vorher schon einmal etwas angestellt haben oder ob es das erste Mal war."

„Soviel ich weiß, hat Rokko vorher noch nichts angestellt. Aber er hat sehr strenge Eltern", sagte Jesco. „Ganz ohne Strafe kommt der bestimmt nicht davon. Die beiden werden mich ab jetzt hassen!"

„Ich verstehe, was du jetzt denkst", sagte Mama. „Aber sieh es doch mal so: Wenn sie jetzt nicht erwischt worden wären, hätten sie vielleicht immer so weitergemacht und wären eines Tages richtig kriminell geworden. Vermutlich war dein Petzen, wie du es nennst, also sogar eine gute Tat."

„Und für euch hätte es auch böse enden können“, meinte Mama. „Wenn Lilly nicht die Idee gehabt hätte, dass ihr vielleicht bei Minka hängengeblieben seid ...“ Mama schluckte schwer. „Wer weiß, was dann noch passiert wäre!“
„Und wieder haben wir einen Fall gelöst!“ Nikolas grinste über das ganze Gesicht.
„Ja, kaum zu fassen!“, erwiderte Papa.
„Schade, dass ihr heute abfahrt, wo ich doch nun auch endlich Ferien habe!“, sagte Jesco. „Wer weiß, welchen Fall wir noch zusammen lösen könnten, wenn ihr noch länger bleiben würdet.“
„Danke, mir reicht's!“, sagte Mama und schluckte. „Fast hätten wir es diesmal ohne Abenteuer geschafft.“
Die Kinder brachen in ein lautes Gelächter aus, und auch Papa konnte sich ein Grinsen nicht verkneifen.

Wenig später saß Familie Sonnenschein im Auto und rollte vom Hof des Ferienhauses. Jesco stand am Straßenrand, kramte in der Hosentasche und winkte grinsend mit einem Papiertaschentuch. „Wir bleiben in Verbindung!“
Lilly und Nikolas kugelten sich vor Lachen.
Familie Sonnenschein hatte gerade Magdeburg passiert, als Nikolas' Handy plingte. „Eine Nachricht von Jesco“, berichtete Nikolas. „Frau Öltjen lässt uns grüßen und bedankt sich für unseren Einsatz.“

Als Lilly und Nikolas ungefähr vier Wochen später von ihrem ersten Schultag nach den Sommerferien aus der Schule nach Hause kamen, wartete dort ein Päckchen von Frau Öltjen auf sie. Darin waren zwei Becher mit den Namen Lilly und Nikolas, eine Tüte Zuckerzwieback und eine große Packung Kräutertee mit dem Namen „Schietwetter“. Frau Öltjen bedankte sich ganz herzlich, dass die Kinder geholfen hatten, ihr schönes Zuhause zu retten.

– Ende –

BUTJADINGEN

Tourismus-Service Butjadingen

Strandallee 61
26969 Butjadingen – Burhave
www.butjadingen.de

Nordsee-Lagune Butjadingen

Am Deich 21a
26969 Butjadingen – Burhave

Center Parcs – Park Nordseeküste

Nordseeallee 36
26969 Butjadingen – Tossens
www.centerparcs.de/de-de/deutschland/fp_BK_ferienpark-park-nordseekueste

Friesenstrand Tossens

Strandallee 36
26969 Butjadingen – Tossens
www.butjadingen.de/aktivitaeten/baden-und-straende/friesenstrand-tossens.html

7 Stelen „Turmbau zu Babel“ am Parkplatz Feldhauser Deich

Feldhauser Deich 29
26969 Butjadingen – Feldhausen

Natur Erleben Langwarder Groden

Feldhauser Deich
26969 Butjadingen – Feldhausen

Fischereigesellschaft Fedderwardersiel
Am Hafen 1
29969 Butjadingen – Fedderwardersiel
www.krabbenausfedsiel.de

Nationalpark-Haus Museum Fedderwardersiel
Am Hafen 4
26969 Butjadingen - Fedderwardersiel
www.nationalparkhaus-wattenmeer.de

Hof Iggewarden – Erlebnishof mit Friesengolf
Iggewarden
26969 Butjadingen
www.hof-iggewarden.de

Melkhus Seeverns
Seeverns 26
26969 Butjadingen
www.melkhus-seeverns.de

Nordenham Marketing & Touristik e.V.
Marktplatz 7
26954 Nordenham
www.nordenham.de/de/gaeste/tourist-info

Moorseer Mühle
Butjadinger Straße 132
26954 Nordenham
www.museum-moorseer-muehle.de

Historisches Kaufhaus
Butjadinger Str. 101
26954 Nordenham-Abbehausen
www.historisches-kaufhaus-abbehausen.de

■ BREMERHAVEN

Tourist-Info & bicycle station Havenwelten
H.-H.-Meier-Straße 6
27568 Bremerhaven
www.bremerhaven.de/de/tourismus/tourismus.13389.html

Deutsches Auswandererhaus
Columbusstraße 65
27568 Bremerhaven
www.dah-bremerhaven.de

Klimahaus
Am Längengrad 8
27568 Bremerhaven
www.klimahaus-bremerhaven.de

■ WILHELMSHAVEN

Tourist-Information
Ebertstraße 110
26382 Wilhelmshaven
www.wilhelmshaven-touristik.de

Störtebeker Park
Freiligrathstrasse 426
26386 Wilhelmshaven
www.stoertebekerpark.de

JadeWeserPort-InfoCenter
Am Tiefen Fahrwasser 11
26388 Wilhelmshaven
www.jadeweserport-infocenter.de

Küstenmuseum Wilhelmshaven
Weserstraße 58
26382 Wilhelmshaven
www.kuestenmuseum.de

Kaiser-Wilhelm-Brücke
Zur Kaiser-Wilhelm-Brücke
26382 Wilhelmshaven

UNESCO-Weltnaturerbe Wattenmeer Besucherzentrum
Südstrand 110B, 26382 Wilhelmshaven
www.wattenmeer-besucherzentrum.de

Aquarium Wilhelmshaven
Südstrand 123, 26382 Wilhelmshaven
www.aquarium-wilhelmshaven.de

BREMEN

Bremen Informationen
Böttcherstrasse 4
28195 Bremen
www.bremen-tourismus.de/kontakt

Botanika
Deliusweg 40, 28359 Bremen
www.botanika-bremen.de

Universum Bremen
Wiener Straße 1a
28359 Bremen
www.universum-bremen.de

CUXHAVEN

Windstärke 10
Wrack- und Fischereimuseum
Cuxhaven Ohlroggestraße 1
27472 Cuxhaven
www.windstaerke10.net

Nordseeheilbad Cuxhaven GmbH
Cushavener Str. 92
27476 Cuxhaven
www.nordseeheilbad-cuxhaven.de/service/touristinformationen

Kugelbake
27476 Cuxhaven

BRAKE/OVELGÖNNE

Schiffahrtsmuseum der oldenburgischen Unterweser e.V.
Breite Straße 9
26919 Brake
www.schiffahrtsmuseum-unterweser.de

Handwerksmuseum Ovelgönne
Breite Str. 27
26939 Ovelgönne
www.handwerksmuseum-ovelgönne.de

Außerdem bei Biber & Butzemann

Kerstin Groeper / Steffi Bieber-Geske
ABENTEUER IN OSTFRIESLAND
LILLY, NIKOLAS UND DIE LIKEDEELER
Mit Illustrationen von Rebecca Salzmann
Biber & Butzemann

ABENTEUER IM OLDENBURGER LAND
LILLY UND NIKOLAS AUF DER SUCHE NACH DEM KLIMASCHATZ
Birgit Hedemann
Biber & Butzemann

Monika Wolf
Abenteuer auf Norderney
Mit Juist und Langeoog
Lilly, Nikolas und die Flaschenpost
FERIEN ABENTEUER
Illustrationen von Sabrina Pohle
Biber & Butzemann

Luisa Hartmann
Ziemlich beste Ferien
ABENTEUER AUF SPIEKEROOG
Illustrationen von Sabrina Pohle
Biber & Butzemann

Luisa Hartmann
Ziemlich beste Ferien 2
ABENTEUER AUF LANGEOOG
Illustrationen von Sabrina Pohle
Biber & Butzemann

Luisa Hartmann
Ziemlich beste Ferien 3
ABENTEUER AUF WANGEROOGE
Illustrationen von Sabrina Pohle
Biber & Butzemann

GEHEIMNIS IM KNIEPSAND
LILLY UND NIKOLAS AUF AMRUM
Andrea Nesseldreher
Biber & Butzemann

ABENTEUER AUF SYLT
Lilly, Nikolas und die Leuchtturm-Detektive
Kerstin Groeper
Biber & Butzemann

Nicole Grom
DAS GEHEIMNIS VON RUNGHOLT
Lilly und Nikolas in Eiderstedt
Mit Dithmarschen, Hooge und Pellworm
Biber & Butzemann

ABENTEUER IM
LAND DER WIKINGER
LILLY UND NIKOLAS UNTERWEGS ZWISCHEN SCHLESWIG, KIEL UND FLENSBURG
Mit Illustrationen von Sabrina Pohle
Biber & Butzemann

Das Geheimnis der Raubritterburg

ABENTEUER AUF RØMØ
Lilly, Nikolas und der Bunkerschatz
Birgit Hedemann
Mit Illustrationen von Sabrina Pohle
Biber & Butzemann

EIN SOMMER IN SCHWEDEN
Illustrationen von Manja Adamson
Biber & Butzemann

SANDRA LEHMANN
MATTI UND MAX
ABENTEUER AUF KRETA
Biber & Butzemann

SANDRA LEHMANN
MATTI UND MAX
ABENTEUER IN NEW YORK

SANDRA LEHMANN
MATTI UND MAX
ABENTEUER IN BERLIN

SANDRA LEHMANN
MATTI UND MAX
ABENTEUER IN PARIS
Biber & Butzemann

SANDRA LEHMANN
MATTI UND MAX
ABENTEUER IN DEN ALPEN
Biber & Butzemann

ABENTEUER AN DER MECKLENBURGISCHEN SEENPLATTE
Kerstin Groeper
Lilly, Nikolas und die verbotene Insel
Biber & Butzemann

Andrea Nesseldreher
Zeppelinfieber
Lilly und Nikolas am Bodensee
Illustrationen von Liuba Lebedeva
Biber & Butzemann

ABENTEUER IM SPREEWALD
Steffi Bieber-Geske / Nicole Grom
LILLY, NIKOLAS UND DAS GEHEIMNISVOLLE TAGEBUCH
Biber & Butzemann

DAS ERBE DES ALCHEMISTEN
ABENTEUER AUF DER PFAUENINSEL
Biber & Butzemann

ABENTEUER RUND UM DRESDEN UND DAS ELBSANDSTEINGEBIRGE
Juliane Jacobsen
Lilly, Nikolas und die Schätze der Fürsten
FERIEN ABENTEUER
Illustrationen von Sabrina Pohle
Biber & Butzemann

Elisabeth Schieferdecker
Abenteuer im Erzgebirge
Lilly und Nikolas im Weihnachtsland
FERIEN ABENTEUER
Biber & Butzemann

ABENTEUER IN DER OBERLAUSITZ
Judith Schreiter
LILLY, NIKOLAS UND DIE GEHEIMNISVOLLEN FREMDEN
Biber & Butzemann

Abenteuer rund um Heidelberg und Odenwald
Lilly, Nikolas und ein Alpaka auf Abwegen
Teresa A. K. Kaya
Illustrationen von Liuba Lebedeva
Biber & Butzemann

Andrea Nesseldreher
Aufregung im GrünGürtel
Lilly und Nikolas in Frankfurt am Main
BLEIBEN
Biber & Butzemann

Abenteuer zwischen Nordeifel und Aachen
Lilly und Nikolas auf der Suche nach dem schwarzen Gold
Miriam Schaps
Illustrationen von Sabrina Pohle
Biber & Butzemann

Miriam Schaps
Abenteuer im Ruhrgebiet
Lilly, Nikolas und das Bergmanns-Tagebuch
Biber & Butzemann

Abenteuer am Teutoburger Wald
Lilly und Nikolas auf der Suche nach den verflixten Wörtern
Miriam Schaps
Biber & Butzemann

Solveig Ariane Prusko
Scherben-Rätsel und der Mann aus der Vergangenheit
Lilly und Nikolas im Westerwald
Biber & Butzemann

Mäusejagd in der Pfalz
Lilly, Nikolas und die verschwundenen Bronzenager
Carola Jürchott
Biber & Butzemann

Andrea Nesseldreher
Die Krone der Loreley
Lilly und Nikolas im Mittelrheintal
Biber & Butzemann

Andrea Nesseldreher
Filmreife Ferien an der Lahn
Lilly und Nikolas in Mittelhessen
Biber & Butzemann

Marsha Kömpel
Abenteuer zwischen Taunus und Wetterau
Lilly, Nikolas und der Krachenburg-Schatz
Biber & Butzemann

Abenteuer in der Vulkaneifel
Lilly, Nikolas und das verschwundene Manuskript
Miriam Schaps
Mit Illustrationen von Sabrina Pohle
Biber & Butzemann

Jetzt diese und zahlreiche weitere Reise-Kinderbücher bestellen unter ***shop.biber-butzemann.de****.*
Versandkostenfrei ab 10 Euro Bestellwert.

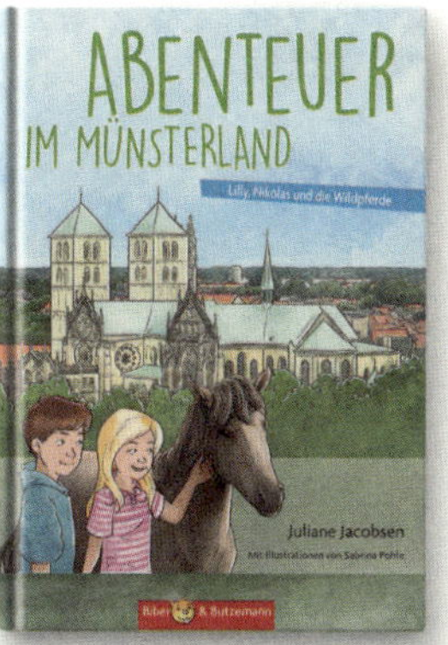

Die Autorinnen

Die Illustratorin

Schon als Kind erlebte **Birgit Hedemann** so manches Abenteuer, indem sie ihre Nase zwischen zwei Buchdeckel steckte. Geboren 1964, wuchs sie in der Nähe von Oldenburg auf und studierte Theologie in Berlin. Sie arbeitete in einem Kinderheim und an der Uni Oldenburg, bevor sie sich um die Erziehung ihrer drei Kinder kümmerte und endlich das tat, wovon sie schon in der Grundschule geträumt hatte: Geschichten und Abenteuer schreiben. Heute lebt sie mit ihrem Mann auf dem Land in der Nähe von Oldenburg. Wenn sie nicht gerade am Schreibtisch sitzt, ist sie in der Natur unterwegs oder liest in Schulen, Bibliotheken und auf Lesefestivals.

Steffi Bieber-Geske, Jahrgang 1978, schreibt seit ihrem 16. Lebensjahr – zunächst für Tageszeitungen, später für verschiedene Unternehmen und Organisationen. Die Journalistin studierte Publizistik, Psychologie und Neuere Deutsche Literatur – mit dem Schwerpunkt Kinderbücher und Märchen – an der Freien Universität und der Humboldt-Universität Berlin. Seit 2010 schreibt und verlegt sie erfolgreich Kinderbücher. Außerdem organisiert sie die Berliner Buchmesse BUCHBERLIN. Heute lebt die Mutter von zwei Söhnen mit ihrer Familie abwechselnd im dänischen Sonderburg und am Stadtrand von Berlin.

Sabrina Pohle, Jahrgang 1984, entdeckte in ihrer frühen Jugend ihr Interesse am Zeichnen, aus dem sich über die Jahre eine Leidenschaft für Illustration und sequenzielle Kunst entwickelte. Sie experimentierte zunächst viel mit traditionellen Maltechniken und Materialien wie Aquarell, Kohle und Pastellkreiden. Seit einiger Zeit nutzt die Mutter eines Sohnes auch digitale Medien, um ihre Werke zu erstellen. Die studierte Japanologin arbeitet als freiberufliche Illustratorin in Hamburg und hat bereits zahlreiche Kinderbücher illustriert.
www.splinteredshard.com

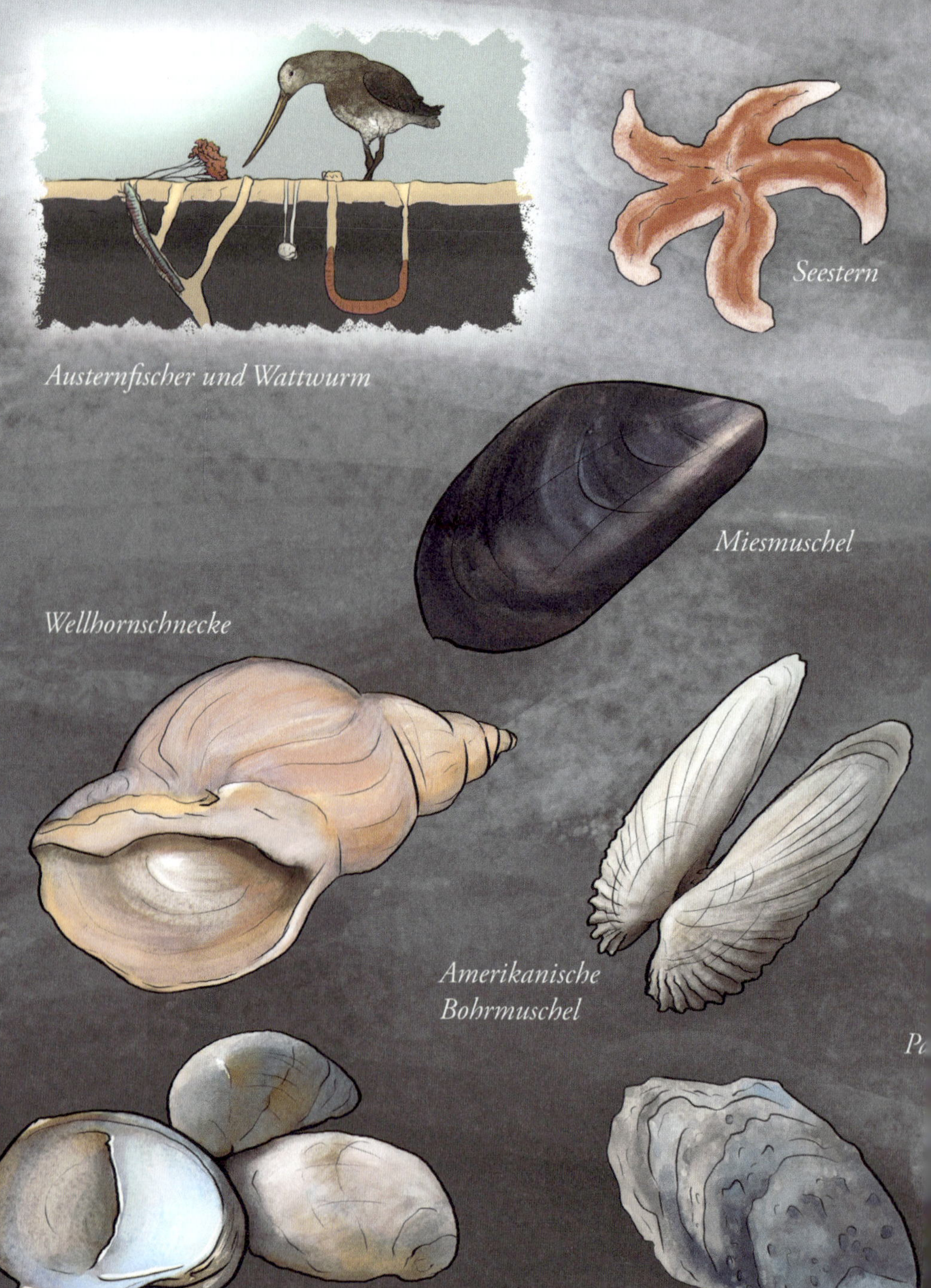
Seestern
Austernfischer und Wattwurm
Miesmuschel
Wellhornschnecke
Amerikanische
Bohrmuschel
Pantoffelschnecke